数学家传奇丛书

主编：杜瑞芝

昔日神童
——维纳

李旭辉 著

哈爾濱工業大學出版社
HARBIN INSTITUTE OF TECHNOLOGY PRESS

内 容 简 介

本书主要讲述了美国应用数学家、控制论创始人诺伯特·维纳的传奇一生。维纳先后涉足哲学、数学、物理学和工程学，最后转向生物学，并在这些领域取得了丰硕成果。

本书史料翔实，写得深入浅出，通俗易懂，可供广大青年及对数学史感兴趣的读者阅读。

图书在版编目(CIP)数据

昔日神童——维纳/李旭辉著. —哈尔滨：哈尔滨工业大学出版社，2018.2(2020.9 重印)
(数学家传奇丛书)
ISBN 978-7-5603-7093-4

Ⅰ.①昔… Ⅱ.①李… Ⅲ.①维纳(Wiener，Norbert 1894—1964)—传记 Ⅳ.①K837.126.11

中国版本图书馆 CIP 数据核字(2017)第 292724 号

策划编辑　刘培杰　张永芹
责任编辑　张永芹　丁浩洋
封面设计　孙茵艾
出版发行　哈尔滨工业大学出版社
社　　址　哈尔滨市南岗区复华四道街 10 号　邮编 150006
传　　真　0451-86414749
网　　址　http://hitpress.hit.edu.cn
印　　刷　三河市同力彩印有限公司
开　　本　787mm×960mm　1/32　印张 7.125　字数 105 千字
版　　次　2018 年 2 月第 1 版　2020 年 9 月第 4 次印刷
书　　号　ISBN 978-7-5603-7093-4
定　　价　48.00 元

序　言

我与杜瑞芝教授是多年的朋友。她受教于梁宗巨先生，专长为世界数学史研究，著作多多。她主编的一本《数学史辞典》，是我常用的工具书。进入新世纪，我们陆续退休，联系就少了。不久前，她打电话到我在上海苏州河畔的寓所，邀我为她主编的《数学家传奇丛书》(新版)作序。老友相托，深感荣幸。

数学，是人类文明的火车头。人类文明的第一个高峰是希腊文明。从泰勒斯、毕达哥拉斯到欧几里得，数学理性文明大放异彩。柏拉图学园的门口"不懂几何学者不得入内"的告示，彰显了数学文明的地位。欧几里得的《几何原本》是仅次于《圣经》的印刷量最大的欧洲出版物。我国把徐光启和利玛窦翻译的《几何原本》作为近代理性文明的开始。人类文明的第二个高峰，是以牛顿为代表的数学和物理学所开辟的科学黄金时代。接着，电磁学方程、热力学方程、流体力学方程、拉普拉斯方程书写了第三个现代文明，而爱因斯坦方程的基础则是黎曼几何。开启今日信息时代文明的仍然是一群数学家，其中有提出电子计算机结构方案的冯·诺依曼，信息论的创始人尚农，控制论的奠基人维纳等。展望未来，人类文明正在迈入"大数据、互联网、人工智能"的新时代，数学在其中依然起着引领的作用。未来的人类社会，许多体力和脑力工作都将被机器人所承担，但是数学智慧是机器人不可能全部掌握的。数学将越来越引人瞩目。

我在这里写数学之重要，是希望争取更多的读者，共同追寻数学的踪迹，研读数学家传记，汲取数学家人生的智慧经验，以迎接新时代的到来。在这套丛书里，展现了数学历史长河上一段又一段美妙的风景。丛书用 9 个数学家的传记，打开了从 19 世纪到 20 世纪数学发展的绚丽篇章。这些数学家的故事都是永恒难忘的经典，读后或令人掩卷深思，或令人拍案叫绝。总之，那会是一次领略数学智慧的阅读之旅。

康托尔的故事感人至深。他孤身一人，撞开了无限王国的大门。他给无限依大小排序，提出了基数论与序数论。那时，不但无人喝彩，倒招来一些非议。例如，无限集合中的部分可以等于全体，与常识相违。罗素提出的集合论悖论，让数学的天空布满乌云。“一切集合构成的集合”让人困惑不解。康托尔承受了重大的精神压力，抑郁大半生。但是，真理终于战胜了疑虑。时至今日，集合论的语言已经渗入到几乎所有的学科，包括中学相关学科。康托尔是人类精神世界里的战士、英雄和伟人，世人将会永远纪念他。

给我留下难忘印象的还有维纳的故事。这位控制论的奠基人，是一位神童。也许是因为思维过于敏捷，表述跟不上思维的速度，因而他讲课别人实在听不懂，不受欢迎。我醉心于他的是“反馈”概念的提出。原来他观察人去捡落在地上的铅笔，过程是脑指挥手接近铅笔，眼睛观察手与铅笔的距离和方向，并将数据反馈给大脑，大脑据此做出下一步给手的指令。反馈的概念，就这样成了控制论的基础。

如果说，康托尔的故事是告诉人们向未知进军需要巨大的勇气，那么维纳的故事则是教给人们如何获取科学灵感，展示科学智慧的来源。人物传记正是在"敢于"和"善于"向数学进军这样两个方面，用一些感人的细节给人以教育和启示。

数学史不能只局限于古代数学史，了解数学家也不能只局限于古代数学家。这套丛书除了有康托尔和维纳的传记之外，还包括了大家熟知的历史上最重要的数学家之一——高斯的传记。更令人瞩目的是收录了两位名垂青史的女数学家柯瓦列夫斯卡娅和埃米·诺特的传记：前者勇敢地与命运抗争，终于在男人称霸数坛的19世纪取得一席之地；后者大器晚成，一生专注数学，心无旁骛，以创立抽象代数学名垂数学史。本丛书还记录了两位命运坎坷的天才数学家阿贝尔和伽罗瓦，他们以短暂的生命为数学史留下了璀璨的光辉。还有以迷开始又以迷结束的电脑先驱图灵及游走全世界的、有"数学莫扎特"美称的数坛怪侠爱尔特希的传奇人生。

数学家传记出版得不是多了,而是少了。君不见,清华附小的小学生用大数据的排序算法,分析了苏轼诗词中用字用词的规律。大数据时代的数学正在渗透到日常生活的方方面面。可以预料,数学家传记的读者群也会越来越大。

写了一些感想,权作为序言。

张奠宙

2017 年 10 月

于沪上

原版序言

这是一套以传记文学形式介绍著名数学家生平的丛书。本来是要请家兄钱临照写个序言，他对科学史有研究，也热心支持科学家传记的写作，但是他已年逾九十，不便握笔写作。所以，他给我谈了些他的想法，勉励我代他写这个序言。

我对数学只有很肤浅的知识，但是我明白，数学这门学科对人类文明的发展实在是太重要了。在大多数学科里，一代人创造的或树立的东西，往往被下一代人所更新或推倒。只有数学，前人创造的成果都能为后人所用，而每一代人都是在以前的“建筑”上添砖加瓦。今天，像我们从事技术科学或工程建设的人,有谁能离开前人创造的数学知识呢?不仅如此,前辈数学家的治学精神、思维方法和奋斗经历对于从事科学技术工作的人来说,也是非常有教益的。

本丛书所展现的数学家,有的是开拓者,披荆斩棘,勇往直前;有的是继承发扬者,博采众长,继往开来。他们或少年早慧,头角峥嵘;或中年发愤,大器晚成;或天资聪颖,才华横溢;或天性鲁钝,以勤补拙;或步踏青云,皓首穷经;或屡遭坎坷,英年早逝;或生于名门,独树一帜;或出身贫寒,困苦玉成……总之,他们从不同侧面给我们以启迪、思考和奋发图强的力量。

本丛书的主编杜瑞芝教授是一位年富力强的数学史专业工作者,她在从事专业研究的同时,还有志于从事这种看似简单实则很不容易的数学史传播工作,是值得称道的。各分册的作者都是多年从事数学史和数学教育研究的高校教师。他们在研究数学家生平、学术贡献的基础上,注意探索数学家成才的因素、成功的契机,还特别记述了那些超出常人、能够动人心魄的事迹。各分册还配有数学家的肖像,以展示这些大师的精神风采。

本丛书具有较强的知识性、趣味性、可读性与普及性，对广大青年读者增长知识、开阔视野、陶冶情操，并立志献身科学是大有益处的。

1998 年 10 月

于大连

前　言

在数学发展的历史长河中，涌现出许多杰出的数学家。他们的发明创造是推动数学乃至科学技术发展的巨大动力，是人类文明的宝贵财富。没有数学家和广大人民群众的辛勤劳动，就不可能有今天高度发展的数学。然而，长期以来数学抽象的结构、艰涩的推理与枯燥复杂的算式，使得数学家好像与外界隔离开了。外界的人们，特别是年青的一代，觉得数学家是那样刻板而神秘，似乎远离尘世喧嚣。而数学家却很少受外界干扰，在数学王国里钻研得津津有味，自得其乐。著名数学家罗素（B. A. W. Russell，1872—1970）在学习欧氏几何时感慨道："我没想到世界上竟有如此有趣的东西。”数学大师陈省身说：“数学好玩。”可见学习和研究数学给他们带来了无穷的乐趣。这种数学家与外界相隔离的现象即使在数学高度发展、已几乎渗透到人类社会活动的一切领域的今天依然存在。

其实，数学家既是数学王国的主人，也是食人间烟火的凡人。怎样使人们走近数学家，了解他们的科学贡献、成长道路和个人品格，把数学家作为一个个活生生的、有血有肉的人，展现在读者面前，这应该是数学史家与数学教育工作者的任务。

经过认真的思考和多方的努力，我们尝试建立一条连通科学、历史与文学三者的纽带。在20世纪末，我们在哈尔滨出版社的支持下试图推出一套传记文学形式的《中外数学家传奇丛书》，以宣传数学家的事迹，激励年青一代投身科学。但是由于某些困难，仅在该社出版了三位中国数学家的传记，其余八位外国数学家的传记由山东教育出版社陆续出版，定名为《数学家传奇丛书》。该丛书问世后，颇受广大读者，特别是青年读者的欢迎，并很快售罄。为进一步满足广大读者的需要，同时也为传播数学文化做出新贡献，哈尔滨工业大学出版社决定推出新版《数学家传奇丛书》。新版除了对原丛书各分册做了适当的补充与修订外，又增加了《抽象代数之母——埃米·诺特》一册。

编写《数学家传奇丛书》是一种尝试，在国内还不多见。因此，难免会有这样或那样的不足，希望广大读者批评指正。同时，我们也十分热切地希望这项工作能得到广大数学工作者和科普工作者的关心和支持。让我们携起手来，为繁荣我国的数学事业，提高全民族科学文化素质而努力工作。

在新版丛书出版之际，我首先要特别感谢先师梁宗巨先生（1924—1995）。我于 20 世纪 70 年代末成为梁先生最早的研究生之一，是他引领我走上学习和研究数学史的道路，他严谨的治学态度始终影响着我。今年是先师去世 22 周年，愿以这套丛书聊表追思情怀。

原丛书的写作与出版曾得到中国数学会数学传播工作委员会以及中科院两位资深院士钱临照和钱令希的支持与帮助。钱令希先生在百忙之中亲笔为丛书作序，他关于数学科学的精辟见解，对于每一个数学工作者来说，都是一种激励。

新版丛书，很荣幸地请到了中国数学家、数学史家、数学教育名家张奠宙先生作序，令人感动和鼓舞。先生十分重视数学史知识的普及和数学文化的传播，他对数学重要性的阐述给了我们很大的启迪，在此对张奠宙先生表示衷心的感谢。

还要感谢哈尔滨工业大学出版社副社长刘培杰先生和编辑室主任张永芹同志的积极策划和鼎力支持，同时感谢为丛书付出大量辛勤劳动的各位编辑同志。

杜瑞芝

2017 年 10 月

于大连

目　录

楔　子

不知你是否听说过诺伯特·维纳(Norbert Wiener)? 他就是这部传记的主人公。维纳小的时候天真伶俐,再瞧瞧老年时体态臃肿又漫不经心的他,你一定觉得挺有趣吧! 他小时候是个智力超群的神童,成年后在数学界和工程界大名鼎鼎,是20世纪成就最卓越的数学家之一。他兴趣广泛,博学多识,有许多非同寻常的经历,光是自传就出版了两部! 同时,早年的成长环境使得他身上始终保留着几分稚气,人们似乎很难将其个性中那些不成熟的东西与其大科学家的身份联系起来。总而言之,他是一个名声显赫、阅历独特而又充满矛盾的人。怎么样,是否有兴趣来了解一下维纳呢? 相信你读过之后,一定会觉得他是个既可敬又可爱的人,从他的经历中,你也许能学到不少东西。

那么,就让我们把视线转到100多年前的美国……

第一章　小小神童的喜怒哀乐(1894—1906)

——坎布里奇和哈佛镇的童年时代

1.降　生

在美国堪萨斯州中部密苏里河流过的地方,有座名叫哥伦比亚的小城,它的存在和发展与坐落其中的密苏里大学息息相关,因而实际上它是一座大学城。19 世纪末,这里人口不多,居民们像大学里的师生一样,过着宁静舒适的生活,沿河驶过的船只和穿梭往来的学子不时给小城注入几分新鲜的活力。1894 年 11 月 26 日,我们的主人公诺伯特·维纳就降生在城中的一个犹太教师家庭。

维纳的父亲利奥·维纳出生在白俄罗斯,13 岁就开始自食其力。早年在波兰华沙和德国柏林接受过良好的中学教育，并学习了医学以及工程学的初步知识。他朝气蓬勃，富有勇气和冒险精神，欧洲社会对犹太人的普遍歧视让他无法安于现状。1880年，18岁的他带着对浪漫的憧憬和对自由的向往，只身踏上了大洋彼岸的美国土地。当时，南北战争刚刚结束，这里正在发生着日新月异的变化，利奥辗转各地，先后当过工人、农民、小贩、清洁工和教堂里的语言教师。他敏而好学，精通俄语、法语、波兰语、德语、英语、意大利语、希腊语及西班牙语等多国语言，同时又以数学为业余爱好，经常向数学杂志投稿。后来，他从新奥尔良辗转来到密苏里州的堪萨斯城，担任了城里中学的语言教师。卓越的才学使他很快就在镇上名声大噪，他也因此得到名家推荐，受聘为密苏里大学的现代语言教授，讲授法语和德语。利奥精力充沛，十分健谈，在公众场合总能做一番精彩发言，而往往没有留出机会让别人发表意见。在求学期间，他接受了人道主义重视自然、动物等观点，戒掉了烟酒和肉食，成了一位素食者。勤劳也是他的一大优点，他喜欢户外工作，并酷爱徒步旅行和登山等运动,这些习惯和爱好日后在他的儿子诺伯特·维纳身上都产生了深远的影响。

维纳的母亲伯莎·卡恩出身于密苏里州一个家世显赫的名门,她健康开朗而且富有教养。1893 年,她与利奥结婚,一同住在大学教师的公寓里,过起了朴素的生活。维纳是他们婚后的第一个孩子。

1895 年,哈佛大学首次设立斯拉夫语讲师的职位,利奥凭借实力抓住了这个难得的机遇。夫妇俩带着小维纳移居东海岸的马萨诸塞州,在波士顿地区坎布里奇安了家。

还未满周岁就做了一次长途迁徙,对维纳来说,这似乎预示着他的一生也将像父亲利奥一样,充满冒险和趣味。

2. 童　趣

维纳关于童年的记忆,就是从坎布里奇开始的。小镇的每一条街道,每一幢建筑,还有每一家店铺,都留在了他的脑海中。镇外的空地上,春天开满了蒲公英,夏天盛开着金凤花,秋天是浅蓝色的菊花,冬天,则常常被厚厚的白雪覆盖着。当然,给他印象最深刻的,还是他在这里所结识的玩伴儿和成年人,以及与他们共同相处的有趣经历。

维纳小时候手脚不太灵便,但他很乐意参加同龄儿童的游戏。春天,他在路边和院子里寻找一种土块,弄湿碾碎,制成简陋的画笔,用它在人行道上划出场地,和伙伴们在场地里面玩“造房子”的游戏。冬天,他帮助朋友们建造打雪仗用的“堡垒”和关押“战俘”的“雪狱”。两军对垒,雪弹纷飞,战况空前激烈,小维纳有好几次成了敌军的俘虏而被囚禁起来。玩游戏不过瘾,他们甚至会想到真的上前线。一次,当地报纸报道了土耳其人迫害亚美尼亚人的新闻,维纳听说后,找来邻居家的两个孩子,商量着一起去前线参加战斗,给那些受迫害的人出气。然而出走不到半个小时,3 个茫然无措狼狈不堪的孩子就被维纳的父亲追了回来。其实,他们哪里了解土耳其人和亚美尼亚人究竟是怎么一回事呢?

父亲利奥出于工作需要,经常到波士顿公共图书馆查阅资料,与馆中的职员有着密切的关系。这些朋友中有一位李先生,待人诚恳热情,夫人是一位儿童读物作家和插图画家,他们的小女儿与维纳同岁。维纳曾阅读过李夫人的著作,还和女孩一起到公园里玩耍,乘坐有轨电车游览波士顿市区。几年后,女孩患了糖尿病,在当时,这是一种不治之症。女孩去世后,李先生把她的一本《天方夜谭》和其他一些物品送给了维纳。以后每次读到这本书,维纳总感到悲从中来。

一次,在一棵大树下的丁香丛中,维纳发现了一个有蓝色鸟蛋的小巢,好奇地拨弄了几下,伙伴们告诉他,用手碰过之后,鸟蛋就无法孵化出小鸟了,即使孵出来也会很快死去。这使得维纳产生了一种杀人犯般的负罪感,此后很长一段时间里他都为此深感不安。

小维纳很胆小,容易受惊吓。两岁半去新罕布什尔州度假时,他遇到一位铁匠,发现铁匠的脚被马蹄踩成了残废,感到很害怕,因为他那时最怕的就是伤残。一次进行扁桃体手术,麻醉药产生的剧烈的眩晕感也让他恐慌不已。在坎布里奇,街边有一些黑色的树,临街房子上还有被堵死的窗户,这些都让他觉得特别可怕。甚至在读刘易斯·卡洛尔的名著

《艾丽丝漫游仙境》时，镜中的幻象和艾丽丝的变形也给他留下了可怕的印象。最有趣的是，有一次父亲带他去看杂技，台上有两个小丑在用响板互相拍打，一个小丑经过猛地一击之后，头上突然出现了亮晶晶的红头发，吓得维纳哇哇大哭起来，父亲只好无奈地把他带出了杂技场。

家庭生活的乐趣自然不必夸张。父母亲在哄维纳睡觉时，喜欢哼唱一些歌曲，那些曲调，维纳到老年时仍记忆犹新。3 岁那年，妹妹康斯坦丝出生了，一个新的小生命给维纳带来了许多新奇的想法。在他的意识里，拿一个玩具娃娃，对它念一通咒语，就变成活生生的婴儿了。可是妹妹的出现令习惯了独自受宠的他很不开心，以后的几年里，他经常和妹妹吵架。当然，长大懂事之后，两人成了好朋友。回想起来，维纳感到家里生养一个小娃娃使他增长了许多知识，也使他“忘不了奶瓶和尿布的神秘”。

圣诞节是童年维纳最热切期盼的日子。天还不亮，他就从睡梦中醒来，急切地打开枕边的长筒袜，开心地清点着圣诞老人放在里面的礼物：糖果、食物、玩具、笑话书……却全然不知这可亲的“圣诞老人”就是自己的爸爸！那些体积较大的礼物是放在圣诞树下的，要到早晨才能去拿，维纳和妹妹则把早晨的范围理解得很广，凌晨四点多就迫不及待地溜下楼去取礼物了。

4 岁时，维纳被送进了幼儿园，和其他孩子一起在保姆的带领下做游戏，折纸玩具，到附近公园里游玩。在这里，他还喜欢上了一个可爱的小女孩，被她的嗓音深深地迷住了，自称她是“自己的第一个心上人”，有她在身边就觉得非常快乐。

父亲给维纳订购了许多机器或仪器类的玩具，如小电动马达、扩音机、万花筒、幻灯机、放大镜和简易显微镜。维纳常把这些玩具搬出来，坐在地毯上一件件地摆弄，俨然是一个正儿八经的机械师。他曾幻想着自己制造一台电动机，还为伙伴们放映内容滑稽的幻灯片，收取一些小玩意儿作为门票。

1903 年夏天，他们全家到马萨诸塞州西北部的哈佛镇度假，找到一处叫老磨坊农场的地方。农场的房舍和谷仓的对面是一个水塘，水塘中央有一个沼泽岛，两条小河通过水闸与水塘连接起来，小河与道路之间的草地上开满了各色花朵。小河里有青蛙和甲鱼,水塘边则有垂柳和围绕树桩生长的藤条,构成了一个天然儿童乐园。维纳和朋友们用旧地毯和旧钢琴箱搭起帐篷,在沙地上挖洞搭灶,烤马铃薯吃。他们还到远处的湖里游泳,在湖中划船,观察睡莲、鱼草、狸藻、鱼类及其他水生物,捉些青蛙和蝌蚪养着玩,或是将树枝插进沼泽地,等着里面冒出一串串气泡。全家都很喜欢这个地方,维纳父母认为,这样的环境有利于孩子们的成长,因此决定移居到这里。

在农村的新生活有许多愉快的事情发生,不过维纳不可能像在坎布里奇时一样,找到那么多的玩伴儿并有那么多机会在一起玩儿了。此后许多年里,他开始体会到在青年人和成年人之间生活、学习的那种孤独感。

3.环游欧洲

每年夏天,维纳都要随父母外出度假,特别值得一提的是5岁那年,他们一家环游了欧洲。1901年6月,他们乘船到美国最繁华的城市纽约,住在父亲的亲戚家中。在这里，他见到了祖母、叔叔和几位姑妈，当然，与他最投机的还是表姐奥尔加。她向维纳展示了一些城市小孩玩的游戏，如把别针放在电车轨道上，车子驶过之后，别针就被压平了。他们还一起玩纸牌、变戏法和搭小房子。

纽约第三大道的高架桥上行驶着的蒸汽小火车让维纳感觉特别新鲜，他们一家经常乘坐这种火车到闹市区购物。为了给以后的航海做准备，父亲购买了一套科学实验玩具，包括“电学游戏”“磁性游戏”和“肥皂泡游戏”等，让维纳兄妹爱不释手。

然后，全家搭船前往荷兰。轮船在辽阔的大西洋上航行，孩子们兴奋不已。他们不会像大人一样晕船，所以特别活跃。维纳喜欢站在甲板上俯视海面上起伏的白色浪花，或是辨认着他似懂非懂的德语和荷兰语通告。他还淘气地在甲板上下钻来钻去，结果惹恼了大人们，一次被船员从工作间里赶了出来，另一次是被一位旅客在其座椅下捉住，以挠痒作为惩罚，令他难受不已。

几天后，轮船抵达荷兰著名海港鹿特丹，全家接着乘坐分隔式车厢的欧洲火车转到德国科隆。那里繁华的火车站、设施良好的旅馆和著名的大教堂都给维纳留下了深刻的印象。街面上的自动售货机比美国国内的更大更好，烤杏仁更是维纳以前从未尝到过的美味。

他们沿莱茵河溯流而上，经梅茵茨来到奥地利首都维也纳，这里是旅途中给维纳留下最多、最深记忆的地方。父亲在酒精灯上加热晚餐的气味，欧式巧克力加奶油的味道，旅馆、餐馆和咖啡馆中的气味，全家用餐的素餐馆，煮沸牛奶的油腻薄膜，还有让他头晕眼花的那杯苹果酒……这些混合在一起，变成了维纳对这座名城的感觉。

维也纳的气候闷热难当，维纳和妹妹的身上都莫名其妙地生出许多小红疙瘩，非常难受。请来的皮肤医生看不出个所以然，草草诊断为疥疮。后来才发现，这是由于卧室里的臭虫叮咬而造成的。在气候湿热的维也纳，臭虫是一种很容易滋生繁衍的害虫，他们一家只得提前离开，到有利于身体健康的地方去。

他们在卡尔坦劳特吉本的林区小镇找到了住处，房前是乡村的街道，房后是小山，走过几段石阶就有一座别致的亭院。维纳和房东的几个儿子交上了朋友，他们一起观察栖息在后院的鼻涕虫和蜗牛，溜进隔壁餐馆附近的滚球场玩木球。甚至随意搬弄房东的工具，以致造成了损坏，险些挨房东的巴掌。

最后，一家人游历了德国和荷兰，穿越了英吉利海峡来到英国首都伦敦。维纳随父亲访问了英国作家赞格威尔和著名的俄国无政府主义者克鲁泡特金，游览了议会大厦、威斯敏斯特大教堂等著名的景点。双层公共汽车和地铁都让维纳倍感新鲜，而坐在老式的双轮小马车上，则能充分感受到夏洛克·福尔摩斯侦探小说中伦敦街道所特有的氛围。

1901 年 9 月，维纳一家经利物浦回到了坎布里奇。一颗贪玩的心逐渐平静下来，重新开始了对知识和文化的学习。

4.知识的熏陶

维纳的智力很早就显示出超常之处。18 个月时的一天，小保姆抱着维纳到海边玩耍，她用小木棍在海滩上随便写了几个英文字母逗维纳玩，却发现维纳的眼睛一眨也不眨地盯着那几个字母看。小保姆觉得挺有趣，于是从ABC开始教维纳识字母，没想到，两天之后，维纳竟然还认得出其中的一些字母！

这件事让维纳的父母很高兴，他们觉得要教育维纳可以从阅读开始。在维纳两岁的时候，他们就完全教会了他如何拼写26个字母。母亲经常在门前的草地上给维纳读书讲故事，读的最多的是英国作家吉卜林的诗歌和狄更斯的小说。而维纳从三岁开始也试着自己看书，其中包括一本介绍行星系统和光的性质的儿童科普读物。尽管有许多生字他不认识，很多内容他也不能理解，但这种较早的文化启蒙为他智力的飞速发展创造了良好的开端。

在知识方面给维纳最大影响的是他的父亲。父亲不仅有语言的天赋，还潜心钻研，出版了好几部专著。从记事起，维纳就经常在父亲的书桌边玩耍，习惯了父亲写作时打字机发出的“嗒嗒”声，以及修补书稿所用的糨糊的气味。有时维纳还手捧父亲废弃的书稿校样，摇头晃脑哼上几声，俨然一副学究的模样。父亲曾发掘研究了犹太诗人莫里斯·罗森菲尔德的作品，并首次将他的诗从依地语（犹太人所使用的一种通用语言）翻译成英语，介绍给美国读者。诗集《在血汗工厂》中第一首诗的开头是这样写的：

工厂里的机器如此轰鸣
使我忘记自己正身处其中
喧闹声里我迷失了自己
我找不到自己，我变成了机器
工作，工作，我不停工作
忙啊，忙啊，我一直都忙
这是为何？又是为谁？我不知道，也不会问！
一台机器怎么能够思考？

这首诗生动地反映了资本主义工业化生产给工人们造成的巨大的精神压力和伤害，揭示出人类必须正确利用自身能力这一深刻主题。年幼的维纳自然无法理解其中的寓意，但是半个世纪之后，维纳所研究的控制论，特别是相关的专著《人有人的用处》却与这首诗形成了极好的呼应。这只是一种巧合，还是父辈熏陶的必然结果呢？

父亲的藏书十分丰富，门类齐全，无所不包。有汉语词典和稀有语种的语法书，故弄玄虚的神学书，也有中东地区的出土文物报告，维多利亚王朝后期的科学入门书，还有精神病学、电气实验以及博物学方面的著作。在父亲的指点下，维纳六岁的时候就已熟读达尔文等人的科学作品。父亲并不指望维纳能理解他自己所读的全部内容，而主要是想培养他的科学精神。他鼓励维纳经常提问，回答这些问题的时候则尽量使维纳感到即使没有别人的帮助，自己也应当有能力解决问题。为了让维纳的兴趣爱好能长久地保持，父亲对他所做的任何事都表现出兴趣，同时，还启发他提出自己的观点。显然，这些做法对维纳的科学思想和科学方法的形成起到了关键性的作用。

维纳最喜欢读的书是《金银岛》《神秘岛》和《天方夜谭》之类的小说。在他看来，这些都是属于猎奇探险一类的书籍。他曾一度幻想当一名博物学家，深入阴暗潮湿的热带雨林中，搜寻新奇的鸟兽和植物。一旦被某一门学科所吸引，维纳就开始关注周围与此相关的一切事物，这是维纳求知时的一个重要特点。为了实现当博物学家的梦想，他特别留意学习那些结构复杂、揭示动植物生长和组织分布的图解，还经常跑到城里的博物馆，一遍又一遍地观察动植物标本，甚至阅读生理学方面的专业杂志。其中有一篇关于脊椎动物神经脉冲传递的文章，让他产生了设计有生命的机器人的想法，这些想法一直萦绕在他的脑海中，在他后来研究神经生理学时得到了体现。

父亲特地从哈佛大学图书馆为他借来一本研究光学和电学的书，这更引发了他的好奇心。书中介绍了一个未能解决的问题：用光电管制造电视机。他把攻克这个问题当成自己的目标，开始随父亲学习物理和化学知识。父亲还在家中建起一个小小的化学实验室，请来一位大学生指导维纳做化学实验。把金属碎片和硫黄混在一起，加热后制成硫化物，再经醋的作用产生难闻的硫化氢气体，这是维纳最感兴趣的实验之一。

外出度假或旅游期间是父亲传授自然知识的绝好机会。父亲精通菌类学知识。秋天，他带着维纳去寻找野生蘑菇，偶尔能发现白芽蘑菇等稀有品种。维纳很喜欢脚踩着落叶嚓嚓作响的声音和软软的感觉。春天，他们则四处寻找龙葵，在发现龙葵的地方设置了标记，要知道只有哈佛大学的菌类学家才比较熟悉龙葵的生长地点。翻垦过的泥土发出的新鲜气息,枫树皮、樱桃树脂和刚修割过的草地的味道,割草机的突突声,还有喷水器的嗒嗒声,这一切都成了维纳童年时代的美好记忆。

在坎布里奇,父亲有许多学识渊博的朋友,比如大数学家马克西姆·博歇(Maxime Böcher),著名生理化学家奥托·福林(Otto Folin),遗传学家卡斯尔以及生理学家沃尔特·坎农(Walter Bradford Cannon)等,他们都喜欢维纳,给维纳带来了许多教益和乐趣。维纳对坎农制造的X光机很感兴趣,它由静电发动机驱动,用伦琴射线来研究肺、心脏和胃等人体组织。坎农还首创了用铜屏做保护X光机操作者的方法。可是由于早年所受的辐射伤害过于严重,坎农本人早早患病去世了。

在这种崇尚自然和科学的氛围中,维纳逐渐形成了对世界独到的看法。一次,他和纽约来的表姐奥尔加闹矛盾,两人争吵起来。奥尔加威胁说:“上帝是无所不知的,上帝不会赞成你的行为!”维纳立刻反驳她:“根本没有上帝!”平时常听大人们讲,凡是对上帝不尊敬的人都会被霹雳当场击毙,可是维纳却发现自己仍旧安然无恙，于是更加理直气壮了。回家之后，他把这件事告诉了家里人，得到了父亲的支持。

5. 接受系统教育

维纳四五岁的时候，父母就几次试图送他去学校读书，但终因他年纪小、读书经历又很不寻常而难以安排。经过一番周折，父母总算在环游欧洲归来之后把他送到附近小学的三年级读书，接着又转到了四年级。

那时，维纳的字写得笨拙难看，然而阅读水平却远远超过同龄的孩子。他能进行一般的算数运算，而且方法独特，走自己找到的捷径，比如计算一个数加九，他就先加十再减一，他甚至经常扳着手指来计算。他对具体的算术题目感到厌烦，因为他的思维已经超越了具体运算阶段。父亲及时地看到了这些，决定让他退学，以便得到更充分的发展。从那时起，一直到进中学的一段时间里，对维纳的系统教育都是由父亲直接或间接进行的。

父亲把语言和数学作为教育计划的核心内容，这也是他自己最拿手的两个学科。语言以拉丁语和德语为主，父亲为此还请了自己的学生海伦小姐每星期到家里来辅导维纳，用听力训练的方法给维纳温习拉丁语，并帮助他学德语。在数学上，父亲让维纳改学抽象的代数，对他进行严格的训练，对他在练习中出现的每一处错误都要认真纠正。

毫无疑问，父亲在维纳的教育上花了很大工夫，极大地促进了维纳的认知发展。然而，父亲的个性中也有不太好的一面：他脾气急躁而且固执己见，在教育维纳的过程中，一些不恰当的做法对维纳产生了严重的副作用。比如，维纳在学数学时无意中犯了一个错误，父亲会大声呵斥，如果维纳没有马上按照他的意图去更正，他就更加严厉地训斥一番。这时维纳既害怕又伤心，难免会再次做错，父亲看了则更加怒不可遏，甚至用“蠢牛”“傻瓜”之类的词语来责骂维纳。

在全家吃饭时，甚至在亲友面前，父亲时常用嘲笑的口气提及维纳的过失或幼稚的行为，父亲的话好似许多鞭子打在他身上，令他如坐针毡，十分苦闷。每次出现这种局面,母亲往往要出面替维纳辩护,结果夫妻之间又开始了争吵。像许多其他神童一样,在这样过于严厉的训斥和反复发生的家庭矛盾之中,维纳的自尊心受到了伤害,个性中逐渐形成了孤独和缺乏自信的一面。

然而,毕竟父子情深,维纳和父亲是相互深爱着的。正如维纳后来所说:“我父亲毫无保留地给了我他所有的一切:他的诚挚、才智、学识和热情,这些品质是俯拾即是的。”父母在科学精神方面也给了维纳既有益又深远的影响。他们认为,学习科学的主要动力来自于对知识的强烈好奇心,其最终目的则是为真理服务。一位学者在遇到任何危险时都不应该放弃自己的信念,就像战士不应临阵脱逃,医生在瘟疫流行的城市中不应回避或拒绝服务一样。这是每个人应尽的义务,他们既然已经选择了一项终身事业,就应做真理的忠实仆人。

由于很早就开始大量阅读书籍,维纳的视力过早地衰退了。不过这种衰退毕竟缓慢,不像其他眼疾一样有明显的症状,所以到8岁的时候他才明显地感觉到。视力下降除了给读书带来不便,还使举止原本就不协调的他更加笨手笨脚。然而，他从读书中获得的知识是那么渊博，这种反差常常给不了解他的人造成错觉，认为他矫揉造作或者哗众取宠。

父母带维纳去看眼科医生，医生要求他6个月内不要读书，6个月后再根据视力恢复情况决定能否继续读书。不能读书对于维纳来说当然是一种难以承受的痛苦。这半年里，父亲用口授的办法继续教他代数、几何和化学。这种用听觉训练代替阅读训练的方法产生了更好的效果，因为它迫使维纳用心去记忆和思考，并且组织语言恰当地表达出来。

6. 三年中学时光

6个月后，维纳的视力稳定下来，医生允许他继续读书了。然而不久，全家就迁居到老磨坊农场，父亲每天乘马车和火车在哈佛镇与坎布里奇之间穿梭，耗去了大量的时间。教书和经营农场之余，他还承担了一项重任：两年之间将俄国大文豪列夫·托尔斯泰（Leo Tolstoy）的24卷作品译成英文。这样一来，他就很少有时间指导维纳了，因此决定把维纳送进一所合适的学校学习。

1903 年秋天，维纳来到愿意接收他这个特殊学生的艾尔中学。此时，他已随父亲学习过代数、平面几何、三角和解析几何的基本知识。在拉丁语和德语方面也打下了良好的基础，这相当于初中三年级的水平。所以这年圣诞节一过，他就转入了高中一年级。

尽管维纳在学业上并不感到吃力，但在社交方面却显得极不成熟，迟迟不能适应环境。这一来是因为他以前从未长时间地接受正规的学校教育，二来那时他刚满 9 岁，同班同学要比他大六七岁，在他眼里都是大人。然而老师和同学们对他十分照顾，并没有轻视他，把他看成不懂事的小毛头。校长兼古典文学教师莱维特小姐在学业上对维纳严格要求，而当维纳遇到困难时则总是设法帮他解决，使他在不熟悉的地方和人群之中不至于太慌张。维纳刚进校时，有一次在课堂上，莱维特小姐还亲切地把维纳抱在膝盖上，同学们并没有因此而哄笑，大家都把他当成了自己的小弟弟。

放学回家之后，维纳需要把当天所学的功课背诵给父亲听。父亲总是在忙着翻译写作,似乎心不在焉地听维纳背诵,可是一旦出现错误,父亲会及时抓住,又对他训斥一番。对于维纳的好成绩,父亲通常只是似理非理地随口说一句:“对了!”“很好!你可以出去玩了!”之类的话,难得有什么奖励。维纳印象较深的一次奖励,是在中学第一学年结束时,他写了篇名为《愚昧论》的哲学论文,准备参加学校里传统的辩论和演讲。为此父亲非常高兴,特意带着维纳乘坐长途电车,到缅因州的一条河边度了几天假。

在父亲面前交差之后,维纳才有时间出去寻找他为数不多的几位朋友。除了在农场及附近的池塘和树丛中玩耍,他们更喜欢摆弄点新奇的玩意儿,有时难免出现危险。他们把打气筒装满水,趴在广场上喷射驶过的老式汽车;收集一些电铃之类的小器械,拼装起一个他们自认为是无线电的东西,却险些触电;偷着弄来一些化学材料试制爆竹,却烧坏了手背上的皮肤;还有一次,他们想用铁皮的灭蝇喷雾器来制作一辆内燃机车模型,结果差点把自己炸死。

每年春季学期末,维纳跟着老师和同学们到附近的樱桃树林中野餐。春天里和煦的阳光透过长满绿茸茸嫩叶的树枝，散落在开放着秋牡丹、紫罗兰和凤仙花的草地上，显示出一片盎然的生机和活力，大家无不陶醉其中。

中学最后一年，维纳爱上了学校里一个 15 岁的姑娘，她脸上长着雀斑，曾在学校音乐会上弹过钢琴。维纳比她小 4 岁，对自己的这种感情不免感到可笑甚至惭愧，但他的确是真心真意的。为了迎合女孩并表达自己的心意，缺少音乐细胞的他居然尝试着为她写了一首曲子，结果呢，“这首曲子就像许多初次作曲的尝试一样，听起来还不如连续敲击钢琴黑键所发出的声音好听”。

这段恋情就如同这首曲子，没有任何结果。但自那时起，维纳开始体会到自己内心里一股新奇而朦胧的力量，它使维纳急于冲破自身的幼稚状态，去体验一些对他这个年龄来说不应有的快乐。这种心理状况标志着维纳的童年时代即将结束，他开始飞速地走向成熟。

终于盼来了毕业。毕业典礼上，老师安排两名同学坐在维纳两边，以便在他打瞌睡的时候碰醒他，要知道，举行典礼的时间，已经过了维纳在家上床睡觉的时间！

随后的一段时间，大家轮流举行毕业宴会，维纳也不例外。不过别忘记，他可没有能力自己设宴招待四处赶来的同学，他只是名义上的东道主而已。当地报纸对维纳家举行的宴会做了专门报道：

> 星期五下午，利奥·维纳教授夫妇在家里款待了高级中学的老师和毕业班同学们……这是为他们的儿子诺伯特·维纳而举办的，诺伯特·维纳也是这个班级的成员，尽管他只有11岁。大家钓鱼、划船、听音乐和跳舞，尽情享受了一番。在屋外的长廊上，他们还享用了茶点。大家都觉得自己度过了一个愉快的下午。

第二章 穿短裤的大学生和18岁的博士（1906—1913）

——就读于塔夫茨学院、康奈尔大学和哈佛大学

1. 塔夫茨的孩童

维纳中学毕业后，父亲决定把他送到东部的塔夫茨学院读书，为此，还在该校附近的梅德福山坡购买了一幢住宅，以方便他就学。塔夫茨是所不太起眼的学校，但它处于海滨大都市波士顿的良好文化氛围之中，邻近有哈佛、麻省理工学院等名牌大学。神童出身的维纳到这里学习，还可避免过于惹人注目而招致嫉妒或排斥。父亲正是基于以上考虑才送他到这里来的。学院参照维纳在中学期间的成绩，

并对他进行了简单的口试和笔试，很快就向他寄发了录取通知书。

踏进大学校园之初，维纳觉得很不适应，任课的教授们都上了年纪，个个仪态威严，在他眼里就像是令人敬畏的老爷爷。同学们也显得成熟自立，不再像中学里的同学们那么亲切活泼。课余，维纳只能和大学外面的同龄孩子交往，因为不会有哪个大学生愿意和他这个穿短裤的孩子一起玩耍。

第一年夏天，他随父母回老磨坊农场度假，艾尔中学的老朋友们听说后，立刻赶来探望。大家像从前一样，结伴外出采集野生植物，在河上划船漫游，到池塘里游泳。只有这个时候，维纳孤单的童心才重新体会到几分往日的快乐。

幸运的是，经过一段时间之后，塔夫茨的同学们逐渐了解了他，并且认识到他身上既有孩子的一面，也有成人的一面。平时学习期间，大家都愿意让他参加自由讨论，在学习上平等对待他。假期里，他们也偶尔到维纳家或农场里造访。维纳社交圈子的逐渐变化，也使父母对他的态度有了转变，他们开始把维纳当成家庭中一名真正的成员来看待。

大学第一年,维纳学习了几门语言。教希腊语的韦德教授虽然是一条腿残废的跛子,却通今博古,游历甚广。他常常绘声绘色地讲解希腊艺术或描绘一些著名的历史遗迹或讲述一些古老传说,逐渐地,他成了维纳最喜欢的一位老师。在英语方面,心理年龄的限制使维纳不能很好地理解一些背景知识,生理上的不协调也使他的书写依旧比较笨拙,字体难以辨认。而在德语方面,他已有相当的基础,没有遇到什么困难。课堂上,他跟随老师阅读了大量德语散文,而且他尤其喜欢抒情诗。课余的时候,父亲也会满怀激情地为他朗诵几首德文诗,这对他的德语课是一个很好的补充。

数学是他的强项。他的数学水平已超越了对大一学生的一般要求,热心肠的数学教授兰塞姆先生另起炉灶,教他学习方程理论。这对他是一种挑战,特别是其中涉及伽罗瓦理论的部分最让他困惑。经过兰塞姆先生的耐心辅导,他最终掌握了这门新兴的理论。他也经常和父亲讨论微积分或微分方程里的难题,父亲像从前一样给他悉心的指导,当然,在不满意的时候仍少不了严厉的责备。

物理和化学方面，他最感兴趣的是示范教学课和实验课。他还在课外和伙伴们一起动手做实验。他们曾用手摇发电机发电，试图制造出胶质金和胶质银。他们还试制了两部仪器来验证自己的物理学设想，一部是供无线电通讯用的电磁粉末检波器，它凭借磁场作用将铁和炭粉压紧，使其电阻发生变化。尽管实验产生了一定的效果，但他们不能确信这真的就是磁场的内聚力在起作用。另一部仪器是静电变压器，通过并联的电极给一个旋转的玻璃盘或一连串圆盘充电，然后经串联的电极而放电，达到升压的效果。为了制造这部仪器，他们不知打碎了多少块玻璃，最终却未能成功。他们没有想到，科学家们已经提出过这种设想，并在几年后付诸实现，制造出了能将电压放大几千倍的变压装置。

课余时间，他经常是在波士顿的各个公共图书馆的儿童室里度过的。儒勒·凡尔纳(Jules Gabriel Verne)的幻想小说和雨果(Victor Hugo)、大仲马(Alexandre Dumas)的文学名著让他爱不释手，儿童读物自然也吸引着他。在广泛阅读的同时，他还做了用心的比较。另外，他喜欢在报摊上购买《河滨杂志》，这是一份历史悠久的英国期刊,其中连续刊登了一些精彩的侦探小说和儿童故事,令他再次陶醉在古雅的伦敦景致之中。

大学第二年,他选修了几门哲学和心理学课程,这是受父亲的鼓励而做出的决定。荷兰的斯宾诺莎(B. Spinoza)和德国的莱布尼茨(G. W. Leibniz)是在学习中给他留下印象最深的两位哲学家。现实之中,他所崇敬的是当时美国著名的实用主义哲学家威廉·詹姆斯(William James),他的著作把生理学、心理学和哲学有机地结合在一起,写作手法上则采用小说的风格。维纳把它们既当成文学珍品又当成严肃理论来阅读。后来,他随父亲到詹姆斯家中拜访,还参加了詹姆斯的哲学讲座。詹姆斯将一本收录了讲座全部内容的书赠给他父亲,这让维纳十分开心。后来他才知道,詹姆斯先生原本是打算把这本书赠给他的,考虑到这么做可能会助长他的自负情绪,才没有这么做。

这一年里,他发现学校里有个好去处:生物学博物馆和实验室。他和动物饲养室的管理员交上了朋友。经常去观察那些活蹦乱跳的小动物。他还多次与老师、同学一起外出采集生物标本，收集蛙卵、海藻等生物实验所需要的东西。父亲也想培养他在生物方面的兴趣，专门带他去向哈佛大学生物系的帕克教授求教。帕克教授指点他解剖一些小鲛鱼，可是他很不在行，做得一塌糊涂。结果几天之后，他的解剖台上出现了一张字条：此处禁止解剖鱼！

大学最后一年，他决定正规地学一些生物学知识，以弥补自己在解剖鱼时出的洋相。他选修了脊椎动物比较解剖学，由瘦小而机灵的金斯利教授主讲。金斯利所著《博物史》一书，维纳在8岁时就饶有兴趣地读过了，他也是大学期间给维纳启发最大的一位教授。维纳一向善于领悟事物之间的差异，所以课堂上没遇到什么困难，但是一做起解剖来，他那急躁草率的毛病就暴露无遗，常常不能认真地坚持到底。甚至有一次，他和几个同学模仿人体解剖的过程，怀着好奇心对一只豚鼠进行活体解剖，研究动脉的结扎和缝合，结果摆弄了几下，豚鼠就死在了解剖台上。当时，社会上对活体解剖能否进行还有很大争议，这次事故很可能影响到实验室的声誉和利益，金斯利教授十分恼火。虽然事后维纳并未受到什么惩罚，但他自己却深感良心不安，情绪一度处于紧张状态。

1909年春天，维纳作为数学系的学生毕业了。为了实现在生物学上的志向，他决定到哈佛大学的研究院学习动物学。父亲原想让他从医，但又不好强迫，只得同意了他的选择。随后，父亲准备搬回坎布里奇居住。他们在坎布里奇买下两块地皮，在其中的一块地上建起一幢豪华建筑，这象征着维纳家族日益提高的地位。同时，父亲又卖掉了梅德福山坡的房子和老磨坊农场，从此维纳再也不能去农场避暑娱乐了。

2. 成长的烦恼

大学毕业典礼曾使维纳感到自豪和喜悦，然而这只是暂时的。大学生活一结束，童年的乐趣即将消逝，更深层次的烦恼也接踵而至。大学三年的学业负担给他造成了不小的疲惫感，成年人所必须担负的责任感也日益沉重，面对未来，他茫然不知所措，不知自己该做些什么，成功的希望又有多大。

维纳的这种迷惘是有内外两重原因的。他虽然以优等生的成绩毕业，却未能当选为美国大学优秀生联谊会的会员，这令自我评价颇高的他极为沮丧。一开始，他认为问题与自己的成绩有关，后来则意识到：人们认为神童配不上这种荣誉，在许多人眼里，神童是一种畸形人。他甚至怀疑周围有许多人在等着他失败，看他的笑话。早年严格的家庭教育使强烈的自负感和更强烈的自卑感在他身上交织起来，如今的挫折无疑又加重了这种矛盾冲突。

多年以后回顾这段经历，维纳认为，社会对神童有一种传统的偏见：早熟的儿童在智力上预支了一生的资本，因此注定是要失败的，将来即使不靠救济生活、不进疯人院，也永远是个二流角色。也就是说，社会对神童是采取排斥态度的，社会不需要神童。从神童自身的角度说，在一个发展阶段里，他一半属于成人世界，一半属于儿童世界。他过早地发现，自己所敬重所依赖的成年人并不像小时候想象的那么高明和善良，而且竟然对自己心存猜忌甚至敌意。他不得不改变自己对世界的看法，忍受无人诉说的孤独苦闷，并且害怕周围那些玩得来的同伴们也疏远自己。这样，他就比普通儿童多了一个痛苦的成长阶级，变得缺乏自信，形成了自卑的心理状态。

维纳觉得，自己就是这样一个典型。小时候，他并不知道自己是个神童，到了中学阶段才有所认识。进大学后，他不可能再回避这个问题，特别是有许多记者整日来纠缠他，一心想把他的生活和学习写成讨厌的文章来赚取报酬。开始时，记者的追逐还让维纳的虚荣心得到些满足，可是后来他注意到，这些文章大多发表在报纸的周末增刊上，与奇闻怪事和桃色新闻掺和在一起，属于短命的庸俗作品，它们只能“培养”出昙花一现的人物。同时，还有一些记者和教育家采访过维纳的父亲，了解维纳的现状和受教育的情况。父亲对他们强调，维纳只是一个普通的孩子，由于受到了最优良的训练才变得智力超群。这种说法似乎是为了防止维纳过于骄傲自满，实际上却比父亲的训斥更加挫伤了他的自信心。

像其他青少年一样，维纳在从孩子转变为年轻人的过程中缺乏相应的经验或前辈的指导，经常感到惶恐不安，神童所特有的痛苦和迷惘又给他的生活涂上了更加浓重的阴影。他感到自己是“在一条黑洞洞的地道中前进，看不到出口，也不知究竟有没有出口”。这种心态一直持续到他博士毕业。

经过毕业时的挫折，维纳对荣誉和荣誉组织形成了一种怀疑的态度，并在以后的经历中不断加强。他认为荣誉组织给予的表彰，特别是大学授予的荣誉学位和其他称号，都属于锦上添花的性质，它们只是在以往受到表彰的基础上追加荣耀，而没有把机会给那些应当得到鼓励的年轻人。这是传统的严密等级制度的体现，严重阻碍了青年人才的进步。维纳一生很少接受这种荣誉，并劝阻他的朋友们为他谋求类似的荣誉，正是出于上述原因。

让维纳稍感欣慰的是，上大学以后，父子关系有了良好的转变。一方面，大学里的一些课程，如生物学，是父亲所不熟悉的，维纳有机会摆脱父亲的管教而自己进行尝试，并在这些领域里超越父亲。学习数学也增加了维纳在艰难的领域中独立探索的能力，事实上，后来他恰恰是在数学上达到了父亲远不能及的水平。另一方面，父亲在语言学界的名气越来越响，但他是半路出家自学成材的，连张大学文凭也没有,因此遭受到别人的嫉妒和不信任。这种情况下,父亲很自然地转向维纳,把他当作自己在学术上的伙伴和支持者。维纳在语言学方面所知不多,对父亲提出的一些问题无法发表合理的意见,甚至有时对父亲的某些观点表示异议,这都难免使父亲感到不悦甚至发火。但是在内心深处,父亲还是能够理解和信任维纳的。

3. 无奈的哈佛

争取生物学博士学位是维纳进哈佛研究院的目标。然而,由于手脚不灵活和视力上的欠缺,他在繁多的生物实验中总是出娄子,无法掌握一位合格的生物学工作者所应具备的基本技能。同时,维纳思维的敏捷和动作的笨拙、迟钝形成了很大的反差,并进一步造成了心理上的急躁情绪。尚未着手开始一项实际工作,他就已经迫不及待地设想着成功的情景了,根本没有耐心去一步步完成那些精细的操作,或是用书面和图表的形式记录下实验进度。

但是,维纳并不觉得自己缺乏成功的可能性。

在他看来，科学离不开观察和实验，但是好的观察家不一定要用眼睛去观察，好的实验家也未必要亲自动手做实验。因为在观察和实验过程中，除了单纯收集数据之外，还有其他一些重要的工作要做，比如，合理地设计观察实验的步骤，或者对数据做有效的分析处理。手脚笨拙、粗心大意的科学家虽有许多工作不能参与，但只要他有着卓越的洞察力、理解力和判断力，能够提出问题并充分发挥自己头脑的作用，与其他从事具体探索的科学家配合起来，他同样能够取得成绩。

维纳在课堂上的学习情况就是这样。当老师详细地阐述讲稿内容时，多数同学都认真做笔记，把黑板上的文字和图表抄录下来，维纳却从不肯记笔记。他认为，既要完整地记笔记，又要注意听讲，这实际上是不可能同时做到的。既然自己有很强的记忆力，就没有必要去记笔记，只要把课堂上讲授的内容及时而又系统地印在头脑中就可以了。他在学隐花植物学这门课时，就从未记过笔记，虽然观察和描绘植物组织时做得一团糟，但总评成绩还是得了B+。在思考问题时有敏锐的洞察力，动手实践时则缺乏灵巧性和精密性，这是贯穿维纳一生的又一种矛盾。可惜，在哈佛研究院期间，没有人能理解这种矛盾并给他以正确的引导。

1909 年，同时还有四位神童和维纳一起被招收到哈佛。维纳最了解的是其中年龄最小的西迪斯，他是大一的新生，仅有 11 岁，在家庭背景方面与维纳有许多相似之处：他的父亲也是位俄国犹太人，精神病方面的专家，在教育子女的问题上也有固执的观点。小西迪斯当时聪明伶俐，讨人喜爱，曾在哈佛的数学俱乐部做过关于四维空间几何的学术报告，这是他独立研究的结果，其水准即使对于一、二年级的研究生来说已相当值得称道了。同样，他也缺乏社交能力和适应能力，在这些方面远远落后于同龄儿童。不修边幅，邋里邋遢，经常挥动着猪皮书包在大街上奔跑，这就是他留给维纳的典型印象。

然而，西迪斯后来的经历却与维纳截然不同：他被人们宣传得过多，在哈佛取得了一定成就后，在休斯敦的一所学院找到教职。报纸对此大肆宣扬，但他却并没有显示出应有的工作能力。后来，他参加了激进派组织的游行示威活动，遭到警察的拘留。

此后，他对数学和各种科学都表示厌烦，不喜欢要他负责或做决定的任何工作。多年以后，维纳再次见到他时，他已将学术工作置之度外，能谋到一份挣钱糊口的计算工作就心满意足了。

与自己幼年时的经历相对照，维纳认为，西迪斯的失败在很大程度上要归咎于其父母。他的父母虽然也同样望子成龙心切，却并未像维纳的父亲那样认真负责、持之以恒地教育孩子。西迪斯上大学后，父母只是忙于自己的精神病学研究，几乎忽略了小西迪斯的存在，西迪斯整日孤零零地住在租来的公寓里，没有亲人的关心，也没有朋友往来。维纳本人的评价再次点明了培养神童这个问题的精要之处：

> 栩栩如生的雕像，还需要有一位热情的雕刻名手。雕刻家所做的，除了在一块大理石上除去多余的部分以外，不是还要用自己的智慧和爱心，赋予这个雕像以生命吗？

一学期下来，是否应当继续主修生物学这个严肃的问题摆在了维纳面前。最后,还是父亲替他做了决定。维纳在塔夫茨学院时就显露了对哲学的兴趣和特长,父亲插手此事,认为他应当向康奈尔大学的哲学院申请奖学金,以便将来成为一个哲学家。这再次无视了维纳独立自主的要求。不过,哈佛的气氛过于保守,对维纳父子又带有一定的敌意,能到环境更宽松的康奈尔谋求发展,也算是利大于弊了。

4. 康奈尔的歧路

1910 年夏,维纳获得了康奈尔大学提供的为期一年的奖学金,前往该校学习。父亲带着他先来到纽约州的伊萨卡,拜访父亲在密苏里大学结识的老朋友、康奈尔大学伦理学教授弗兰克·蒂利,为维纳制定这一年的学习计划。蒂利夫妇很喜欢维纳,告诉他无论遇到什么困难都可随时到他们家来,他们愿意尽自己所能帮助他。

然而,一件令维纳震惊和苦恼的事情就在这里发生了。当父亲和蒂利教授畅谈昔日共事的经历时,偶然提到了维纳家族的历史:他们的祖先有一位名叫迈莫尼迪斯的哲学家。维纳从未听到过这种说法，也不知道迈莫尼迪斯是何许人，好奇心驱使他立刻去查百科全书。这下他才清楚，迈莫尼迪斯是12世纪的一位犹太法学博士，信奉亚里士多德学派，他定居在开罗，担任王公大臣的私人医生，是埃及的犹太人首领。

家族中曾出现过这样一位重要的人物，自然使维纳感到自豪，但是他更强烈地受到了震撼——自己竟然是个犹太人！当时，犹太人在西方社会所处的社会地位十分不利，在美国，犹太人和爱尔兰人、新来的移民以及黑人一样，属于不受欢迎的少数民族集团。维纳所接触过的一些老师就曾向他灌输过敌视或轻视犹太人的思想。维纳又想起，在他小时候，祖母经常收到用希伯来文印刷的报纸，但他并未在意其中的原委。后来，表姐奥尔加曾说起过他们是犹太人出身，却被母亲矢口否认了。显然，为了不让小维纳的心灵产生羞辱感，父母一直对他保守着身世的秘密。如今，真相突然大白，维纳没有任何的心理准备，信念和自信心顿时受到了严重的打击。

维纳认为，一个受到歧视的民族为了自身的生存,对流行的偏见做出让步,包括在后代面前回避家庭出身,都是可以被理解和宽恕的,但是人们又不能不为此感到遗憾和惭愧,欺骗和谎言虽然没有恶意,却是不明智的,很可能会对孩子们造成致命的伤害,其后果不堪设想。维纳的母亲甚至经常当着他的面对犹太人进行轻蔑的议论,在追求公道和正义的维纳看来,这些更是无法接受的。

接着,维纳又在辞典中发现,母亲家族的姓氏“卡恩(Kahn)”不过是犹太姓氏“科恩(Cohen)”的同源异体字。他拿起一面镜子,仔细观察自己的相貌:鼓起的近视眼、略微外翻的鼻孔、波浪形的黑头发和厚厚的嘴唇,然后再凝视照片上妹妹美丽的面容,他们的长相无不体现出犹太人的典型特征,这更加剧了他进退维谷的痛苦处境:强烈的自卑,还有强烈的反犹情绪,是他曾一度出现过的两种极端情绪。

面对这种尴尬的局面,维纳似乎只有两种选择:要么继续采取反犹太主义的态度,要么继承犹太传统——信奉犹太教。然而,最终他却发现,这两条路对他来说都是行不通的。一方面,父亲在道德和知识方面对他的影响十分深刻,他不愿意用双重的价值尺度来衡量世界,过一种虚伪的生活;另一方面,他和父亲一样,都不是宗教的信徒,不愿为了服从某种信念而放弃或改变自己原先的观点。

在以后的日子里,伴随着思想的成熟和人格的独立,维纳逐渐树立了自己的立场:把对犹太人的偏见当作一种普通的偏见加以反对,而不仅仅是因为这种偏见针对的是自己所属的种族。这样,他同样也积极地抵制对东方人、外来移民和黑人的偏见。

进一步,对于迈莫尼迪斯,维纳也不再单纯地理解为犹太人血统的问题,而是更加深刻地认为:既然自己的祖先曾在东方的穆斯林社会中生活,民族传统中就必然包含了东方文化的成分,所以,不应该再把自己看成地道的西方人,而去反对东方人。此后,他广泛地接触犹太文化和东方文化,进一步拓宽了自己的文化视野,最终使自己成为了一个具有国际主义观点的学者。

在康奈尔的一年里,维纳选修了一系列哲学课程,包括研读柏拉图的希腊原文著作《理想国》和17、18世纪英国古典哲学,尝试写了几篇哲学论文。通过翻译摘记各个语种的哲学论文,他还熟悉了哲学词汇，并了解到当时流行的各种哲学思潮。

毕竟，家庭出身问题对维纳的影响实在太大了，所以，他在学业上的收获并不明显。哲学上的研究属于一般水平，学习复变函数等现代数学课程时，甚至遇到了困难。学年将近结束的时候，维纳自知没有希望继续获得奖学金了。正在他沮丧和彷徨之际，父亲突然决定让他转到哈佛研究院的哲学系，以免继续在康奈尔为他进行这种没有把握的投资，这再次挫伤了维纳的自信心。维纳觉得这是一种"考虑不周的干扰"，他原本期望在自己跌倒的地方重新站起来。看来，他那渴望自立的心愿，又要推延若干时间才能实现了。

5. 功成哈佛

1911 年 9 月，维纳以哲学博士候选人的身份回到了哈佛，继续最后两年的学习。此时，哈佛哲学系名流云集，维纳有机会聆听名家们的教诲。桑塔亚纳（G. Santayana）的课让维纳感觉到自己继承了一种古老的文化，领悟到哲学是生命、艺术和精神财富的固有组成部分;帕尔默(D. Palmer)讲授的是英国学派的传统哲学,他庄重温和,尽管年老体弱,但仍热心启发年轻学生的思想,消除他们的畏难心理;佩里(R. B. Perry)和霍尔特(E. B. Holt)是当时流行的"新现实主义"的倡导者,独特的个性很受维纳喜爱;罗伊斯(J. Royce)主讲数理逻辑课,他站在时代的转折点上兼收并蓄,既吸取传统的精华,又揭示了新生的科学思想,他还主持了为期两年的科学方法研讨班,参加研讨的有各种各样的学者,大家按照合理的计划进行学习,相互交流思维方法和哲学意义,维纳在其中得到了极有价值的训练。

亨廷顿教授在数学哲学方面对维纳进行了指导。他是维纳家的老朋友,在老磨坊农场时代,他就常到维纳家去,教过维纳一些几何知识。他就公理理论设计了一些习题,很有启发性和创造性;他先建立一种简单的数学结构,然后列举出一系列公理,要求学生们不但举出满足公理的例子,还要举出在某一个或几个方面不满足公理的例子。有时,他还鼓励学生们提出自己的一套公理体系,要求公理的数量足够而又不能出现多余的情况。这种训练对维纳影响很大，维纳早期的研究就是严格遵循这条路线进行的。

维纳还继续学习了拉丁语和希腊语，贺拉斯和荷马的诗篇深深镌刻在他的脑海中，古典教育在他身上已牢牢地扎了根。

一年结束后，维纳取得了硕士学位。为了拿到博士学位，他决定在第二年里跟随罗伊斯专修数理逻辑。但罗伊斯身体状况欠佳，由施密特教授接替了他的工作。施密特（K. Schmidt）给维纳设计了一个博士论文主题：对奥地利物理学家施罗德（G. Schroeder）和英国数学家怀特海（A. N. Whitehead）与罗素（B. A. W. Russell）的工作进行哲学上的比较。施密特有耐心，体谅人，而且指导有方，维纳利用自己手边所掌握的材料，比较顺利地组织、完成了博士论文。

毕业论文完成之后，维纳又面临着学位考试的两大难关：笔试和口试。他绞尽脑汁，把笔试应付了过去。考完之后，大家都急于知道成绩，为了显示自己的能力，维纳通过一位随和的看门人去打探成绩，因为这个看门人可以出入教授们存放考卷的房间。

知道了自己的成绩，维纳把这个秘密透露给另外一个考生，没料到这个秘密很快就传扬了出去。后来，有人指责他为打听成绩而行贿，给他造成了不少的烦恼。

口试的难度要比笔试大很多。按照规定，每次口试时维纳都要单独到教授家里去，面对教授，回答他提出的各种问题。虽然教授都是和颜悦色的，维纳的神经却高度紧张，常常语无伦次。在考希腊哲学时，他竟然把许多熟悉的希腊单词都忘记了，甚至无法解释柏拉图的《理想国》中最简单的章节。

在这样关键的时刻，父亲给了维纳及时的帮助。每天早上，他都带维纳外出散步，既保持他的体能，又增强他的信心，同时还询问一些与下一门口试有关的问题，看看维纳是否已经准确掌握了基本的概念和理论。最后，维纳总算通过了剩余的所有口试。

考试结束后，维纳继续接受最后的考验，1913年初，他在全体哈佛哲学家面前完成了毕业论文答辩，这才真正松了口气。剩下的半年时间，主要就是等待毕业，他花时间阅读了许多教育期刊，试图了解教育专家们对神童的看法。在克拉克大学编辑发行的

《教育学报》第19卷上，他读到凯瑟琳·多比尔写的一篇文章"早熟的儿童"，内容是专门讨论维纳和西迪斯等几位神童的。文章对他们逐个进行剖析，列举出众多材料作为依据，其中包括他们在各所学校上学时的成绩和大学同学对他们的看法。文章最后的结论是：这些神童都很普通，并没有什么超常之处。

看作者把自己描写成粗鲁和令人生厌的样子，维纳感到受了屈辱。原先他还以为，自己在社交和个性方面已经有了长足进步，这篇文章却使他的信心丧失殆尽，他觉得"自己就像一个玩骰子的人，因为一次掷得不好而前功尽弃了"。父亲读过这篇文章后，也是勃然大怒，认为这损害了维纳一家的形象。他立刻写了一封抗议信，刊登在新一期的《教育学报》上，然而，没有人来理会这种抗议，诉诸法律也将无济于事，因为那时的法律还没有对个人隐私提供充分的保护，要对诽谤进行起诉，必须证明因这一诽谤而遭受了某种损失，否则只会败诉。维纳的父亲认识到了这一点，只得放弃寻求法律赔偿的念头，以免因此更加声名狼藉。

1913年夏初,哈佛大学举行了一年一度的博士学位授予仪式。18岁的维纳头顶博士帽,身着黑底红边的博士服,和那些老成深沉的毕业生一道神情严肃地走上台去,双手略带颤抖地接过了校长颁发的学位证书,再回身面对众人热情的掌声。他那张透着稚气的脸上露出了无比自豪和喜悦的笑容,他知道,自己从此跨入科学的神圣殿堂,成了一名真正的科学工作者。

但是他并没有就此止步,他知道,自己还未向世人显示出一位杰出的科学哲学家和大数学家所具有的创造才能。毕业前,他向学校申请了旅行奖学金,准备出国进修。这一申请很快得到了批准,供他选择的去处有两个:意大利的都灵大学和英国的剑桥大学。都灵大学因19世纪末数学家皮亚诺(G. Peano)对数系理论的贡献而闻名,但是它的全盛时代已经过去,所以维纳选择了剑桥,那里有罗素、哈代(G. H. Hardy)等名家,是学习数理逻辑和数论的好地方。维纳马上给罗素去信,等待他的同意。

维纳生命中一个崭新的阶段即将开始。

第三章　名师出高徒

(1913—1915)

——在剑桥、格丁根大学和哥伦比亚大学进修

1913 年暑假，维纳再次和全家到新罕布什尔的山区休假，刚刚结束了多年的学生生涯，这是他充分休息、放松心情的好机会。每天早上，他都要步行大约 3 千米，到村子里的邮局去看看，回来的路上顺便提一桶牛奶，这够全家一天的饮用。他渴望去邮局看看，因为通向未来之路的钥匙——罗素的许诺就将在那里到达。

在等待罗素回信的同时，他阅读了亨廷顿教授推荐的两本数学书：博歇的《近世代数》、维布伦（O. Veblen）和约翰·杨（J. W. Young）合著的《射影几何》（第一卷），为去剑桥进修做准备。头一本书他反

复读了几遍，但是印象不深，第二本书对他影响却很大。维布伦是英国拓扑学派的领导人，20 世纪 30 年代主持创立了著名的普林斯顿高等研究院，杨也是射影几何领域的专家。这本书为射影几何学提供了一套完全独立的公理体系，维纳在这方面接受过亨廷顿的专门训练，自然是对它爱不释手，把其中的每一道习题都演算了一遍，受益匪浅。

1. 剑桥：名师指点与独立思考

不久，罗素的回信终于到了，他同意维纳前往剑桥进修。维纳手舞足蹈，情不自禁，在一旁的父母却感到不放心，这毕竟是维纳生平第一次单独出国学习和生活。最后，父亲决定全家一起到欧洲住半年，这样离英国近一些，万一维纳有事也可以照应一下。休假结束后，他们从东波士顿出发，乘坐英国轮船航行了数天，抵达英国海港利物浦，接着乘火车来到伦敦。这次，他们可没有闲情逸致去欣赏雾都的风光，而是立即赶到布卢姆斯伯里区，找到一家普通的旅馆住下来。随后，他们去坦普尔拜访了父亲的老朋友赞格威尔,一起商量维纳在剑桥的学习计划。

几天以后,父亲带着维纳来到剑桥,在三一学院拜见了罗素。

我们不妨先来了解一下这位举世闻名的罗素伯爵。罗素 1872 年出生在英格兰的一个贵族家庭,祖父是著名的自由党政治家,曾两度出任英国首相。他幼年的时候父母就先后去世了,由祖父母将他抚养成人,因此他的思想和性格受到祖辈的深刻影响,这使他具有强烈的道德观念和宗教信仰,在政治上比较激进。1890 年,他考入剑桥大学三一学院,学习数学和哲学,毕业后留校担任研究员。最初,他致力于数理逻辑和数学基础的研究,是著名的逻辑主义学派的领导人。20 世纪 20 年代至 30 年代后期转向哲学方面的研究。1938 年,他迁往美国任教和讲学,1944 年再度返回剑桥。从第一次世界大战起,他就开始从事国际政治活动,积极宣传世界和平,反对核战争,主张核裁军,因此两度遭到政府的监禁。他于 1950 年荣获诺贝尔文学奖,1970 年以 98 岁的高龄逝世。

维纳来剑桥时,正值罗素在数理逻辑和数学基础方面成就卓著的时期。他建立了逻辑类型理论来解决逻辑上的悖论，给数学奠定了一个相对坚实的基础，还同三一学院的数学讲师阿尔弗雷德·怀特海合作，陆续撰写出版了三卷本的《数学原理》，深刻揭示了数学和逻辑之间的关系。罗素向维纳大致介绍了学校以及他个人的情况，在详细了解了维纳的求学经历之后，他建议维纳在研修数理逻辑的同时，进一步加强数学的训练。

维纳不是剑桥的正式学员，所以不能住在校内，父亲在校外的镇上租到一家包伙食的住处，将他草草安顿下来，便急匆匆地赶回伦敦安排维纳的母亲和两个妹妹去了。当时学校尚未开学，维纳一个人留在这里，人生地疏，既觉得孤独，又对前途感到几分茫然。当时，英国与美国之间一直存在着敌对情绪，多年来的和平发展又使英国变成了富人的天堂和穷人的地狱，等级分化现象在社会上随处都有体现。工人阶级的子女很难有机会进大学接受教育，要依靠学术工作而立足于社会就更不容易。在美国的自由环境中长大的维纳看到这种状况，内心不免充满了憎恶。于是他经常去剑桥的校园里散步，古老的建筑和郁郁葱葱的花草树木缓和了他的思乡之情,他还结识了住在同一幢楼里的两位大学生,偶尔聚在一起谈天或出游。

好不容易熬到了开学,他遵照罗素的建议,选修了贝克(H. F. Baker)、哈代、李特尔伍德(E. T. Littlewood)和莫德尔(L. J. Mordell)等人的数学课程。对他影响最大的是哈代的复变函数理论。哈代是剑桥年轻数学家的代表人物,他自幼就显示出数学上的天赋,13岁进入温切斯特学院学习,那里以"数学家的摇篮"而著称。1896年,哈代获得奖学金,到剑桥大学三一学院深造,1900年被推选为该院的研究员。他撰写发表了大量的数学论文,成为一位知名的分析学家。维纳到剑桥时,他已经是英国皇家学会的会员了。

在康奈尔大学期间,维纳曾随哈钦森教授学习过复变函数,但那时他的数学功底还不足以使他具备相应的理解力,哈钦森也并没有像维纳所期望的那样,为解决复变函数论中的逻辑难题指出适当的途径。哈代则从数理逻辑的基本原理出发,通过集合论、勒贝格积分和实变函数理论,引出复变函数的中心定理——柯西定理，并为复变函数论建立了一个可靠的逻辑基础。他特别重视逻辑推理的严谨性，讲解清晰、生动而发人深思，维纳以前所没有理解的地方，如今都豁然开朗了。难怪维纳在后来回顾自己的成长经历时，认为哈代是对自己进行真正的数学训练的老师。

在听课的期间，维纳尝试着写了一篇有关序级数重新排列问题的论文，并正式发表在剑桥大学出版的《数学信使》杂志上。这是维纳首次发表数学论文，对苦心钻研、渴求上进的维纳来说，这是个莫大的鼓舞，他对数学的兴趣也由此而愈发浓厚了。

维纳同时又修读了罗素主讲的两门课程。一门是关于感觉材料的论述，维纳感到这门课程很有新意，也很有启发性。特别是罗素敏锐地察觉到爱因斯坦相对论的重要性，建议维纳阅读爱因斯坦（A. Einstein）在 1905 年发表的几篇论文，其中关于布朗运动的文章直接影响到了维纳早期的研究工作。另一门是《数学原理》的阅读课，这套著作问世之后，很快被称为数理逻辑和数学基础方面的经典之作。在罗素的指点下，维纳和另外两位同学很快掌握了罗素为解决数学基础问题所建立的类型理论。此时，维纳联想到了自己的博士论文，这才发觉它很不深入，把许多有哲学意义的争论点都给忽略了。

罗素在授课和演讲时措辞优雅，思路清晰流畅，深邃的见解和敏锐的洞察力让维纳受益颇深。除了相对论，罗素还鼓励维纳钻研卢瑟福（E. Rutherford）的电子理论和玻尔（N. Bohr）的量子理论，这极大地开拓了他的视野，深化了他的思想。后来维纳在哲学和数学应用的许多成就，都与罗素的引导有着密切的关系。

尽管如此，维纳并没有全盘接受罗素的观点，他那喜欢独立思考的特点表现得越来越明显。罗素把感觉材料的根本属性归结为经验原料，维纳对此并不赞成，在他看来，感觉材料是与原始经验很不相同的一种思维结构。而在学习类型理论时，他写了一篇相关的论文，讨论如何将关系理论简化为类型理论，发表在《剑桥哲学学会会刊》上。对这篇文章，维纳本人作了客观的评价："与罗素的课程有关，我做了一点小小的工作……当时并没有受到罗素的特别赏识，也没有引起普遍的关注。尽管如此，它在数理逻辑的发展史上已经占据了一席虽不显眼却是永久的地位。”

维纳进一步发现,罗素的逻辑方法虽然对改进自己的博士论文极为有用,但它并非是万能的。他认为,由一系列假设前提演绎出新结论,这样构成的逻辑体系未必完善,任何想要建立一个完备逻辑体系的尝试,包括罗素的类型理论,都可能导致某种悖论。维纳把这一见解也写成论文,发表在《哲学、心理学与科学方法》杂志上。

当时看来,这无疑是离经叛道的想法,但到了1931年,奥地利哲学家哥德尔(K. F. Gödel)推出了著名的不完备性定理:任何逻辑体系中,都有一些命题是无法通过该体系的基本公理来判定正确与否的,换句话说,如果由公理能够证明这些命题是正确的,那么同样也可证明它们是错误的。因此,任何逻辑体系的完备性都只是相对的,维纳在十多年前的结论得到了验证。

2. 学术与物质生活的反差

与哈佛相比，维纳觉得剑桥的环境对他的成长更为适宜。在哈佛，虽然也有人愿意和他讨论学术问题，但那里的风尚是对学术问题装作漠不关心，学者们普遍追求仪态举止的镇定自若和温文尔雅，排斥个性；剑桥则相反，这里有一种修道院般的氛围，学者们过着单纯宁静的生活，将大部分精力花在学术工作上，对个性和怪癖持尊重的态度。这正是维纳所一直寻求的那种自由的学术环境，因为只有在这里，像他这样智力早熟、个性复杂的年轻人才可能被大多数人所接受。

正因如此，维纳知道，剑桥阶段在他的学术进步过程中非常关键。老师和同学们都善于表达思想和应付复杂的局面，对待不同的观点也表现出很强的接受力和容忍力（这在哈佛大学是不可能的），这些都让维纳感到幸运和感激。

在社交方面，维纳也有了很大进步。他平素接触最多的有三位哲学家：罗素、麦克塔格特（J. M. E.

MeTaggart)和摩尔(G. E. Moore),他们的外表、气质和言谈举止各不相同,但都很有个性。每周四,维纳都要到罗素家里参加晚会,这里学者、名流济济一堂,气氛非常活跃,维纳可以了解到各种奇人趣事。同时,墙壁上贴满了很多人的名片,他也结识了更多的朋友。有时,他还应邀到外地访友,或是到大学的俱乐部里与大学生朋友一起用餐。他的个性一贯很强,难免为了自己的观点而与别人争执,但总地来说,他学会了尽量克制自己,令自己显得很有教养。一学期下来,他在剑桥取得了良好的社交地位,甚至喜欢上了自己的新环境。

与学术生活比起来,物质生活却极不如意。住房粗陋肮脏,让他感到极大的不方便。房东太太是个卑俗懒散的小市民,当初她向维纳许诺,每天以便宜的价格用蔬菜和干酪为他做素食。几天吃下来,维纳才发现,所谓蔬菜不过是胡萝卜和难以下咽的白菜芽,让人实在无法忍受。他只好经常去买点便宜的巧克力之类的东西吃,结果还是半饥半饱。

在这样的反差之下,维纳终于盼到了年底,他可以去德国与家人团聚,并一起过圣诞节了。

在剑桥读书的半年里，维纳的父母和妹妹们一直住在慕尼黑。父亲每天到巴伐利亚宫廷和州立图书馆读书，但这里远不如他所熟悉的哈佛图书馆那样方便，所以热情大减。父亲一直对德国文化推崇备至，早就希望在德国学术界树立自己的声望，然而他经常毫不顾忌地指摘德国同行的一些观点，这在等级森严的德国是很不受欢迎的，因而他的工作久久得不到承认，使他颇感颓丧。维纳来到以后，对父亲是一大安慰，他陪父亲一起参加各种演讲、辩论和研讨会，在学术上，他成了父亲比较满意的伙伴。

度过了银白色的圣诞节，维纳在 1914 年 1 月份回到剑桥，继续钻研哲学和数学。他应邀为剑桥哲学学会撰写论文，用数学原理的语言来探讨级数理论，为此他还请教过怀特海。这时，罗素接受哈佛大学的邀请，在第二个学期赴美讲学，于是他建议维纳在这半年里到德国格丁根大学进修。

联系好了进修的事宜，维纳要提前离开剑桥，租用的住房也要提前退掉，可是房东太太气势汹汹，坚持要维纳付清全年的房租，还扣押了他的一只皮箱。维纳找到一位警察帮忙，警察却认为这是民事纠纷，不属于自己的管辖范围。维纳被逼无奈，只得屈服，付清房租换回了箱子，可是这样一来，手中剩余的钱就不够去慕尼黑的花费了。无奈之下，他硬着头皮向大学俱乐部的看门人借了点钱买车票。在火车上，他只吃了一顿饭。到达慕尼黑后已是饥肠辘辘，身无分文，既没钱提取行李，也无法乘坐公共汽车，只能步行到母亲居住的寓所，拿了钱后再回到车站，领回了自己的行李。

3. 格丁根：彻底解脱与自立

在慕尼黑，维纳与母亲和妹妹们一起生活了几周，心情大大好转。第二学期开学后，他来到了哥延根，这次他接受教训，在两位热心的人家分别找好住处和素食饭馆，这才安心地开始了新的学习。

格丁根是汉诺威郡南部的一座小城，1737 年在这里建起大学后，逐渐为世人所知。“数学王子”高斯（G. F. Gauss）曾在这里执教，这使它的名气大增。20 世纪初，许多著名的德国和欧洲科学家都来到这里工作，这里培养出一批批优秀的人才，到了 20 世纪

20 年代,格丁根发展成为全世界的科学中心。维纳进修所在的是哲学院,它分为哲学、数学和物理三个部门。当时,著名数学家菲利克斯·克莱因(Felix Klein)刚刚从数学部退休,颇具影响力的大卫·希尔伯特(David Hilbert)成了他的接班人。

希尔伯特 1884 年在著名的哥尼斯堡大学获得博士学位,1895 年成为格丁根大学数学部的三位教授之一。他先后致力于代数不变量、代数理论和数学基础的研究,后来又转向分析学,在积分方程、变分法、泛函分析和理论物理等领域做出了杰出的贡献。1900 年 8 月,第二届国际数学家大会在法国巴黎召开,正值壮年的希尔伯特登台发表演讲,以自己的高瞻远瞩展望新世纪的数学发展,提出了著名的 23 个数学问题。这篇报告成为 20 世纪数学研究的指导性文件,也进一步确立了希尔伯特本人以及格丁根在世界数学界的地位。

短短的几个月时间里,维纳选修了希尔伯特讲授的微分方程、物理学家的群论,还有哲学家胡塞尔(E. Husserl)开设的康德哲学课,并参加了他主持的现象学讨论班。从希尔伯特身上,他不仅学到了必要的数学工具和技巧,更领略到一种博大精深的数学思想。当然,此时他所学习的很多数学和哲学原理,还只是在头脑中留下一定的印象,日后,随着他对相关文献和研究方法的逐步熟悉,才真正领悟到这些内容的精髓所在。

除了听课,维纳的进步更得益于阅读和讨论。格丁根的数学阅览室里收藏齐全,囊括了世界各地所有重要的数学专著和期刊。坐在阅览室里足不出户,维纳就能接触到他所感兴趣的各种文献。短短的时间里,他接受了大量的信息,并积累了重要的资料。这里的数学学会经常举行集会,由希尔伯特亲自主持,教授和研究生们共聚一堂,轮流介绍自己最近的研究进展或心得,随后大家平等而自由地展开讨论,许多深刻的思想或重要的灵感就在这种氛围下产生了。

会后,大家一起漫步,穿过市区,到公园山顶的一家咖啡馆去,那里居高临下,不仅能将公园里的景色尽收眼底,全市的风貌也一览无余。大家一边喝咖啡一边闲聊,有了更多单独接触的机会,维纳就是在这里结识了许多年轻的数学家。他感到,虽然这里的聚会和哈佛数学会的聚会颇为相似,但格丁根的老一代数学家要比哈佛的更伟大一些,而年轻一辈的数学家则更富有才华和朝气,彼此的交往也更自由。他开始形成这样一种认识:数学不仅要在课堂里学,而且还必须加以讨论,要把自己的热情乃至生命都投入其中。

同时,维纳还第一次体会到集中精力、满怀热情地从事研究工作的感觉。他主要考虑的一个问题是,将以前研究级数理论所总结的概念和逻辑方法,推广到更广泛的逻辑体系中去。整整有一个星期的时间,他抛开日常的事务,全神贯注地思索这个问题。为了省下去饭馆吃饭的时间,他干脆从熟食店里买来一堆黑面包和乳酪作为一日三餐,这样在吃饭的时候他也可以思考演算了。随着思路的日渐明朗,他发现这个问题确实很有价值,全力将其攻克的心情也更加迫切了。功夫不负有心人,他最终获得了成功,以"综合逻辑研究"为题写出论文,发表在《剑桥哲学学会会刊》上。这一阶段的研究,也为他一年以后在哈佛大学的讲学准备了素材。

在格丁根的时间虽短,但是收获不小,回顾过去的几年,维纳发现自己成熟了许多。在哈佛和康奈尔的三年,是他少年时代的后半部分,尽管已经开始进行比较独立的研究,在学术上也取得了一些成绩,但这并没有帮助他完全走出失望和迷惘的深渊。他更加清楚地看到,神童的成长道路上布满了荆棘和陷阱,自己的智力水平超出一般,因而衡量他成功与否的标准也就与众不同,如果他不能取得杰出的成就,那么他在人们眼里就将是个失败的形象。同时,家庭的教育,特别是父亲的严格训导,时时让他感到压抑,但这种教育对他的影响又是如此之大,以至于离开了家庭的支持乃至约束,他又会无所适从。为此,他一直在苦苦挣扎,寻求解脱。

远渡重洋到欧洲深造的这一年,他终于获得了精神上真正的解脱和人格上的完全独立。欧洲是西方文明的发源地,也是当时的哲学、科学和数学的中心,而美国的学术水准则十分一般。能到欧洲追随罗素、哈代和摩尔等一流学者进行深造,维纳深感幸运。他们没有用世俗的眼光去评判维纳,而是给予他热情的鼓励和无私的指导。同时,他还有机会接触到年龄与他相仿而且才华横溢的年轻人,进行学术上的交流和较量。在这个过程中,他离开了父亲的直接指导,并且无须再在父亲的干预下对自己的实力进行衡量。在思想上,他已度过了自己的童年和少年时代,跨入成人行列;在学术上,他从一名神童成长为青年科学家,正式加入到国际科学领域中来,他开始满怀信心地创造成就,去赢得自己的一席之地。

欧洲之行,也使维纳培养起一个世界公民的胸怀。虽然他曾对英国的社会状况不满,德国的反犹和好战势力也日益嚣张,但更重要的是,他和欧洲的广大知识分子进行了密切接触,形成了许多共同的思想基础,所以,他很乐意将自己看成他们中间的一分子。

夏季学期即将结束,维纳预定了汉堡至波士顿的船票,准备回国。此时,欧洲上空正被战争的阴云所笼罩,汉堡的街头贴满了号召参军的布告,新闻媒介也传来消息,英国舰队已开始进行战争动员。就在维纳乘坐的轮船的航行途中,德国和英国互相宣战了,第一次世界大战正式爆发,海上的局势立刻紧张起来。当维纳如期抵达美国时,在岸上等候多时的全家人别提有多高兴了，父亲拉着儿子的手，热切地询问他在旅途中的经历以及在欧洲进修的收获。维纳发现，父亲比以前更加尊重他，真的把他当作成人看待了。

4. 哥伦比亚：最后的过渡

欧洲的战火愈燃愈烈，美国的土地上却依然安静平和。维纳到新罕布什尔休整了一番，随后接到哈佛大学的通知，他在 1914—1915 学年可以继续享受旅行奖学金，而且数额有所增加。他立即写信给罗素，询问是否有可能再次到剑桥进修。罗素认为这是可行的，于是，维纳又满怀希望地回到了战争时期的英国。

重新踏进剑桥校园，维纳眼前是一片灰暗的景象：所有的空地上都搭起了临时性的简陋棚屋，校园后边则建起了伤兵医院；大学俱乐部门口张贴着伤亡人员的名单，士兵家属每天忧心忡忡地来阅读这些名单，默默祈祷不要出现自己亲人的名字。随着前线战况的日益恶化，后方的气氛也更加紧张了。

大街上，电影院里，甚至在大学的教室里，随处可见持枪的士兵。为预防空袭，马路上实行了灯火管制，人们夜晚出门要摸黑前进，考虑到行路安全，街道的镶边石被涂上了白漆。市民们都在传，德国不久将展开一场大规模潜艇战，攻击目标是过往的商船和客船。类似的景象和消息不断出现，给人们造成了大祸临头的感觉。

在这样的局势下，大学校园里既不可能进行正常的教学，也根本无法认真地开展研究工作。罗素早已开始四处奔走，大声疾呼停止战争、共创和平。后来，由于他强烈抨击英国政府卷入战争，被三一学院解除了教职。维纳虽然是个外国人，却并未逍遥置身于战争之外，正义感驱使他好几次想去参军。平时，他也密切关注着战况，希望英法联军早日获胜。

接近年底时，父亲发来电报，告诉他德国潜艇的威胁日增，催促他从速乘船回家。看着剑桥已近乎关闭，不再是学习和研究学问的好地方，外出访友也只能耳闻目睹一些令人忧郁的事情，维纳只得收拾行囊，无奈地告别了剑桥。

回到美国，他遵照临走前罗素提出的建议，去哥伦比亚大学完成这一年的学习。他投奔的导师是著名的实用主义哲学家和教育家约翰·杜威（John Dewey），在维纳的心目中，杜威是这里唯一能与剑桥和格丁根的那些教授相提并论的人物。然而，维纳在欧洲时所受到的训练，使用的都是严格的逻辑术语和数学符号，杜威关于社会和教育所做的论断则倾向于使用言词，所以维纳认为，自己并没有从杜威那里学到最好的东西。

维纳在这里的研究工作，是从罗素与怀特海的《数学原理》的框架出发，创立一种公理化和构造性的拓扑学体系。他进行了大量的推导演绎，获得了一些有意义的结果，但返回头去他却发现，为了得出这些结果所做的前提假设太多了。因此，他就没有研究下去。到了40年代，英国的亚历山大、美国的莱夫谢茨和维布伦等人注意到这个课题，经过研究后取得了成功。

这件事体现了维纳在数学研究上的一个特点：他喜欢从最抽象的理论出发，重视知识体系的完备，并力求所得的结果能对实际问题发挥作用。因此一方面,他对那些追赶时髦而思想肤浅的简单工作持排斥态度;另一方面,又常因初始阶段的工作过于抽象,曲高和寡而感到苦恼,尤其在研究所需的数学工具不能与所得到的结果成适当比例的时候,他很难对自己正在从事的理论研究感到满意。也正是这个原因,在 1920 年夏天,虽然他和波兰数学家巴拿赫(S. Banach)同时独立发现了完备线性赋范空间,但他终因过于抽象而放弃了继续钻研的机会。这种空间经过巴拿赫的系统研究后,发展成为泛函分析学的主要内容,被称为巴拿赫空间。

在哥伦比亚期间,维纳加入了美国数学会,见到了美国数学界的大部分元老。那时,数学会纯粹是由数学家创办的学术组织,会员们经常在纽约一家名叫老默里·希尔的旅馆里会面,喝着啤酒或饮料,随意地交流学术信息。随着时代的变迁,美国数学会逐渐演变成一种行政机构,加上科学家的经济和社会地位的提高,在旅店酒馆里的聚会也就成为了历史。

刚到哥伦比亚时维纳就听说,哈佛大学哲学系准备在一年后聘请他担任助教,按照惯例,作为哈佛的哲学博士，他有权不受限制地主讲大学生所学的课程。对维纳来说，这实在是个好机会，所以他早早就开始准备讲课的内容。可是有一天，他突然接到父亲发来的电报，让他立刻回家，说是有要事相商。一进家门，维纳才知道，有人得到维纳将回哈佛哲学系任教的消息，便向系领导控告维纳，说他在博士毕业前为了了解自己的考试成绩，曾经贿赂过看门人。这一指控显然使维纳的处境很不利。父亲带着维纳来到系主任办公室，当面与控告人对质。看着父亲面红耳赤地破口大骂，但挨骂的不是他自己，而是他的仇人，维纳心里别提多痛快了，这可是平生头一回啊！最后，事实终于得到了澄清，维纳被证明是无辜的。

在哥伦比亚停留并不在维纳原先的计划之中，战争使他在欧洲接受名家指点的机遇中途夭折了。维纳觉得，这一年是欧洲之行和他成为大学教师及独立研究者之间的过渡时期，也是个低潮阶段。但无论如何，他对大城市以及学术生活有了更多的了解，也真正独立进行了一些科研工作，尽管他当时没有意识到其独创性而坚持下去。

第四章　白粉笔、计算尺和自动步枪

（1915—1919）

——从哈佛大学教师到阿伯丁试验场的义务兵

1. 初为人师

1915年秋，维纳在哈佛大学开始了他的执教生涯。他以实习讲师的身份主讲逻辑学，还为一年级新生的一个班担任哲学基础课的助教。他所面对的学生年龄和他差不多，但他并没有因此而怯场，一来学生们比较听话，二来他自己对讲授的课程很有兴趣，准备充分，能够随时解答问题或者展开深入的讨论。

除此以外，他又以结构逻辑学为主题主讲了系列讲座。按照哈佛大学的规定,哲学博士有权选择某个领域进行系列讲座,学校给予承认,但不付报酬,学生也无须参加考试。维纳的讲座内容是以他在格丁根时对逻辑体系的研究为基础的,旨在推广罗素和怀特海的公理化方法。

在讲座的听众中,有一位数学系的助理教授,他就是美国数学界的新秀伯克霍夫(G. D. Birkhoff)。伯克霍夫在美国出生并接受了全部的高等教育,1907 年获得芝加哥大学博士学位。他年轻有为,才华横溢,1911 年就被普林斯顿大学破格提升为教授,但他却到环境对自己更为有利的哈佛来担任助理教授。1913 年,他成功地解决了法国著名数学家和物理学家亨利·庞加莱(J. Henri Poincaré)去世前提出的动力系统中的一个拓扑学问题,一举成为数学界耀眼的新星。他是在美国本土完成这项工作的,打破了美国年轻数学家必须到欧洲深造才能有所成就的传统观点,标志着美国自身数学实力的显著进步。

伯克霍夫向维纳指出了讲座内容在逻辑上的一些问题,这使得两人有了第一次接触。出于某些原因,维纳父子对伯克霍夫一直怀有对立情绪,后来,维纳同伯克霍夫在数学研究上也一度有过较量。

在哲学和数学之外，维纳对东方和世界文化也有了更多的了解。日本来的服部教授在哈佛开设了一系列有关日本文化、哲学的课程，需要一位助教，维纳承担了这项工作。前面曾经讲过，犹太人的出身使维纳对受歧视的民族产生了同情感，对其文化也很有兴趣。在担任助教的过程中，维纳更加迷上了东方文化，还结交了一些东方来的朋友，其中特别要好的一位是中国的赵元任。

赵元任祖籍江苏常州，1892 年出生于天津。1910 年以第二名的优异成绩考取第二批庚子赔款留学生，与胡适等人一同赴美留学。他先在康奈尔大学学习数理，后转向哲学和语言学，毕业后到哈佛研究院深造。1918 年获哲学博士学位，次年回国应聘为清华大学教师。1921 年他重返哈佛，进修语言学。1925 年再度回清华，担任国学研究院的导师，主要致力于中国语言的研究和改革，成绩斐然，被尊称为“中国语言学之父”。1948 年当选为中国中央研究院首批院士。

赵元任在哈佛深造期间，出于对语言学的钟爱，结识了维纳父子。维纳和他互相探讨学术问题,还一起外出旅行。这样的友谊不仅让维纳真正了解了东方及美国之外的其他地方,对自己在新的世界格局中的作用也形成了新的观念。他感到,由于战争和人口迁移等因素,世界各国的地位正在发生变化,德国在战后走向了衰落,中国、日本、印度和其他一些国家的地位则在不断提高,而美国在世界上的影响更是与日俱增。为了美国和不发达国家之间的科学与文化交流,他有热情也有信心做出自己的成绩。

来哈佛工作后,维纳与哈佛数学会建立了密切的联系。他准时参加学会的活动,接触到了哈佛数学界的主要人物。奥斯古德(W. F. Osgood)和博歇这两位元老都是在德国接受高等教育的,无论是学术风格还是生活习惯都体现着德国的影响。比如说,他们都娶了德国夫人,日常对话和写作多采用德语。亨廷顿和朱利安·库利治则是富有才华而且勤奋进取的数学家。由于初出茅庐,维纳觉得自己和学生们一样,并没有被这些大教授放在眼里。虽然他也经常接触现代数学,但研究工作还是以逻辑学为主,这门学问仿佛是哲学和数学的养子女,在当时并没有得到足够的重视。

业余时间,维纳没有放松体育锻炼。一个偶然的机会,他学会了一项新的运动——摔跤。眼睛近视的人不能当兵,但是练摔跤可不成问题,摘下眼镜,就可以和正常人一样上场搏斗了。维纳不懂得太多的技巧,但他毕竟膀大腰圆、体格强壮,并不容易对付,即使是那些有实力的摔跤运动员也往往要花不小的力气才能将他摔倒。每次运动结束,看着自己满身青一块紫一块,维纳反倒觉得有几分胜利者般的自豪。

2. 投笔从戎梦难圆

随着战争形势的发展,公众舆论越来越倾向于协约国,美国参加到协约国行列的可能性在不断增大。1916 年初,哈佛大学成立了一个临时性的军官训练组织,名叫哈佛军团,目的是为美国参战做准备。维纳立刻报名参加了军团。那时正值隆冬季节,团员们经常要穿着单薄的夏季军服,徒步穿过覆盖着厚厚积雪的道路,到健身房里接受训练。春天来了，他们上了几天实弹射击训练课，维纳尽管高度近视，但在教官的指点下居然也是成绩优异，成了一名神枪手！

不过，参加军训毕竟不是长久之计。维纳一面考虑寻找下一学年的工作，一面计划在这年夏天去谋求一份后备役军官的职务，作为自己在美国参战时的谋生手段。他先去拜访哈佛主管人事的有关领导，希望下一学年自己能留在哈佛，作为哲学讲师继续教书。讲师这一职位是进入学校立稳脚跟的敲门砖，比助教要正规得多，因此也极为难得。在那些资深的大人物眼里，维纳过于年轻，又不那么听话，而且担任助教以来，没有继续进行有价值的研究，所以他们没有接受维纳的申请。

失望之余，维纳决定转向数学界寻找工作。他拉下面子，到教师职业介绍所里填了张表格，试着碰碰运气。最后，他总算没白费功夫，找到了接纳他的地方：缅因州奥罗诺的缅因大学与他达成协议，下年度请他到那里出任数学讲师。

暑假期间，他按照计划赶到纽约州普拉茨堡的军官训练营，接受更加正规的军训。冒着酷暑吃了一个多月的苦，他依旧无所收获，更没有如愿以偿地被任命为陆军军官。夏末，他只得收拾铺盖，死心塌地到缅因大学就职去了。

这里的情况出人意料的糟糕。老教授们满足于自己已有的成绩和地位，不再有学术上继续进取的雄心壮志；年轻教师则都像维纳一样，在走投无路之际通过职业介绍所来到了这里，他们仅仅把这里看成通向更理想场所的跳板，并没打算久留，所以很少有人会认真踏实地教书或研究学问。学生呢，大都是农民或工人出身，对书本知识毫无兴趣，却一心幻想过名牌大学学生那样闲适的生活。维纳所讲的高等数学在他们看来只是例行公事，枯燥至极。课堂上，他们经常提些稀奇古怪的问题，或者集体起哄。让有问必答而又神经敏感的维纳十分难堪。抄袭作业和考试作弊更是家常便饭，如果当面制止或向学校揭发他们，责任反而落在维纳头上。让维纳最不舒服的是，许多教师对他怀有敌意，因为他喜欢我行我素，对这种小型大学里的人情世故了解很少，在学识上又给人留下了恃才放旷的感觉。

在这样的环境里，维纳只能把精力放在学习和研究上。根据哈佛大学谢弗博士提出的想法,维纳建立了一种以简单数学运算为基础的数理逻辑方法,发表了一篇论文。学校图书馆也是逃避世俗纷争的世外桃源,他在这里通读了欧·亨利和马克·吐温的所有著作。他还参加了奥罗诺及附近地区的一个研究小组,结识了一些有上进心的年轻人,里面有统计学家、生物学家,还有医生,大家经常在一起聚会,轻松自在地交流多多少少缓解了维纳的孤单和苦闷。

严冬的日子过得很慢,维纳要离开缅因大学的想法愈发强烈起来。终于,美国在1917年正式参战,机会来了,各地的军官训练团纷纷扩大,对教练官的需求量大增,维纳由于在哈佛军团和普拉茨堡的经历,摇身一变也成了一名教官。可惜,他缺乏与上级和同僚交往的技巧,指挥的时候又独断专横,所以成绩平平。但是不管怎么说,缅因大学对他已经看不顺眼,而他更是去意已决,于是他以应征服兵役为借口,辞去了在缅因大学的职务,赶往军港波士顿。

乘船去波士顿的途中,维纳的头脑冷静下来,忽然觉得有点后悔:万一在战场上丢了性命,或是成了缺胳膊少腿的残废,不是太惨了么?可是人已经出来了,不可能再有退路,他只好拼命安慰自己:在战争中幸存下来、毫发不损的可能性还是很大的!

然而,去前线打仗毕竟不像在健身房里摔跤那么简单。在征兵局、港口、要塞,维纳四处碰壁,没人会接受他这个又胖又笨的近视眼。没有必要再为伤亡担心了,可是现在他该去哪儿呢?幸好,这时哈佛又成立了正式的后备军官训练团,父亲通知维纳赶快回去参加,争取圆了他的军官梦。

维纳第三次穿起军装,混杂在各色年轻人中一起接受训练。这次又值炎炎夏日,训练团乘火车来到巴雷平原安营扎寨,挖战壕、模拟作战、练习刺杀,忙得不亦乐乎。维纳不知流了多少汗水,每天训练结束回到营地,他就瘫倒在行军床上,动弹不得,唯一的好处是,腰围在一天天地减小。有一天,他听说麻省理工学院即将要举行一次炮兵军官考试,这将是在战争中谋取炮兵军官职位的最后机会,他连忙向教官请假,到坎布里奇去碰碰运气。

数学考试成绩自然相当优异,然而他在其他方面的表现却一塌糊涂,参加马术考试时,毫无经验的他竟从马背上直直摔了下来。至于体格检验,不仅眼睛注定了不合格,血压又莫名其妙地超出了正常范围(大概和他过早发福有关),军医们甚至由此推断,维纳的脾气也是不稳定的,不适合当兵。维纳怎肯善罢甘休,他软磨硬缠,恳求医生开一张体检合格的证明。结果,他被毫不留情地推出门外,炮兵军官梦也就此落空。

训练团结束时,维纳得到了一张结业证书,可是这对渴望当军官的他来说,又有什么意义呢?!他去新罕布什尔找到家人,度过了夏日的最后时光,随后又开始四处寻找出路。

3. 技术工人和丛书编辑

对于拿惯了铅笔和粉笔的维纳来说,背上步枪接受军训实在是出于无奈。然而,这还只是坎坷的开始。战争使各所大学无法正常运转下去,抽象的理论研究更显得苍白无力。回家之后,维纳只能面对现实,以普通平民的身份去寻找一份非学术性的工作。他知道,任何的清高或犹豫都可能使自己成为碌碌无为之人。他四处求职，希望利用自己的长处做些有实际意义的工作。尽管他当时的数学知识有限，但他越来越认识到，数学将是实现自身价值的重要法宝。

他到的第一家单位是昆西城的造船厂，他想帮助厂家改进轮船推进器的设计，结果没谈成功。接着他又来到通用电器公司位于林恩的一家工厂，这里有他父亲的一位朋友，还有一名原在哈佛大学讲授物理的工程师，他们热情接待了维纳，答应为他推荐工作。但在正式录用之前，他必须参加为期两年的培训，做一些相当于学徒干的工作，维纳没有计较什么，爽快地答应了。

从此，他每天按时上班，在车间里帮助测定汽轮机的蒸汽消耗，用数学知识解决一些热力学的问题。下班之后回到家，他往往是疲惫不堪，浑身上下都蹭满了机油，很难清洗干净。但他却感到既充实又愉快，为自己的踏实劳动而自豪。

虽然看到维纳这样，父亲却不相信他能在工程上有所作为。出于爱子心切，父亲设法为他在奥尔巴尼的《美国百科全书》编辑部找到了一份差使。维纳虽然牢骚满腹，却不敢违背父亲的意愿，厚着脸皮辞掉了林恩的工作，令那些帮他介绍工作的朋友十分不悦。

在奥尔巴尼，维纳的工作是为丛书撰写一些辅助性的短文。经过一段时间的实践，他逐渐摸清了编辑“百科全书”的窍门：你可以利用各种现成的典籍材料，只要认真核对、力求准确无误即可。如果资料有限或者图省事，你甚至可以照搬照抄，但来源一定要是其他语种的，而且不能仅仅局限于一种。总之，要避免发表个人独特的见解。

维纳熟悉了这些惯例，也就渐渐地适应了。可是追求与众不同的他又免不了脱离常规，在文章中写进一些个人的观点。事后他觉得，当时那些见解新、质量好的文章在多年以后仍不失水准，而有些准备不充分的文章，则简直是在胡言乱语，贻害四方。总的来说，这份工作使他得到很大的锻炼，他学会了运用自己所掌握的基本知识，根据要求迅速而准确地写出文章，同时，学会了校对的符号和技巧，也充分体会到不同体裁和风格的文学对作者的不同要求。

除了在办公室里工作，维纳还经常到附近的纽约州立图书馆里写作。纽约州立博物馆也在其中，馆里收藏着地理学、地质学、人类学、古生物学、植物学、动物学、岩石学、矿物学和晶体学等众多的实物资料，维纳从小就酷爱生物学，一到这里便流连忘返，有时甚至还占用上班时间来参观。

对自己如今的工作，维纳是比较满意的，他喜欢自己的同事，喜欢那种全新的独立感。随着年龄的增长，他能更好地自立了，来自父母的压力也比以前更小了。他经常回家做短暂的休假，妹妹康斯坦丝带他参加聚会，把他介绍给自己就读的拉德克利夫学院的同学们，让他认识了不少年轻的朋友。

在安定舒适的工作和生活中，战争的阴影始终笼罩在维纳心头，久久不能消散。他仍旧怀着那个梦想：有朝一日能到军队里服役。工作之余，他参加了纽约州临时警卫队，夜里定期到州军械库里值班巡逻。

4. 射击场上显身手

在奥尔巴尼工作了近半年的时间，1918 年的一天，维纳忽然接到一份马里兰州阿伯丁发来的加急电报："请速来阿伯丁，以公民身份参加弹道学研究。"署名是奥斯瓦尔德·维布伦。原来，战争开始后，美国政府在阿伯丁建起了一座试验场，召集国内各个领域的科学家到这里工作，从事与战争有关的各种研究。维布伦教授从普林斯顿大学调到这里，担任军械部的陆军少校，维纳是他所招募的工作人员之一。

这突如其来的参战机会让维纳大为欣喜，他立刻与编辑部主任联系，结束了在那里的工作，当天就马不停蹄地奔向阿伯丁。

当时的阿伯丁，还只是个无人知晓的小镇。政府刚刚铺通了一条铁路支线，还没来得及建火车站。镇上到处是临时性的小木棚，泥泞的街道上经常有汽车陷入泥沼，由此也不难想象试验场的条件是多么简陋了。但是，这里集中了美国国内成长起来的众多科学家，在战时为国家服务，既是他们个人的骄傲，最终也向国人证明了他们的价值所在。

维布伦少校安排给维纳的主要工作，是为火炮编射程表，由于新式大炮和弹药的出现，计算射程表的老方法已经过时，迫切需要编制一份新的射程表给前线战士使用。这张表中包括弹药在大炮各个仰角下的射程、对炮身倾斜的校正、仰角单位变化的校正、弹药重量的单位调整、风力的调整，以及炮口上空空气压力的调整等，还要对初始数据的误差进行估计。

维纳等人采用了微分方程的逐点解法，这是脱离古老的弹道学而新近发展起来的一种数学方法。美国数学家在这方面的进展并不落后于敌国和盟国，特别是芝加哥大学的布里斯，在运用新的函数理论解决插值法和弹道表校正问题方面已经做过一些初步的尝试。维纳他们在此基础上进一步发挥，很快就取得了理想的成果。不过当时的技术条件还比较原始，这一切工作都是通过来回拉计算尺和一圈圈地摆弄手摇计算器完成的，单调枯燥得让人无法忍受。

为了验证新射程表的有效性，他们必须到靶场进行实地检验。在观察站里，观察员通过观测镜来了解炮弹的落点是否准确，而维纳的视力很差，所以就当了一名话务员，负责与大炮发射站和观测员进行联络。在观测员准备就绪时，他要通知炮手；而当炮弹发射完毕后，他又要告诉观测员炮弹的发射时间、爆炸时间和爆炸后 5 秒的间隙时间，他躺在炮口附近的土堤上，在震耳欲聋的炮声中读秒表、做记录，几次发射过后，他的耳朵嗡嗡作响，嗓子也快喊哑了。

除了计算和收集数据，维纳还执行过两次警戒任务。第一次，他手提值夜班用的钟表，在存放仪器和资料的大楼里通宵巡视。巡逻间隙，他就拿出背包里的书来读。第二次，他身背带刺刀的步枪在楼外站岗，这可比头一次困难多了，因为中间不能休息。深夜三四点钟的时候，他实在支持不住，躲进值班室里睡了一会儿。醒来之后，他一口气喝下了一大杯热咖啡，吃了一块奶酪三明治，又精神十足地回去放哨了。

参加这项工作的人员，既有维纳这样应征而来的年轻科学家，也有前线调来的军官。大伙在一起分工合作，由于各自的职务或军衔不同，所以不像正规的部队里那样等级分明。一个中尉可以称呼他的一个士兵为“博士”，反过来又可能听从于一个军士的安排。在这种平等和睦的集体中，维纳结识了不少科学家。业余时间，他们在一起娱乐或外出散步，但更多的是讨论数学问题，维纳似乎又回到了剑桥大学，享受着那种修道院式，却又充满热情的学术生活。

在阿伯丁，维纳还圆了自己的士兵梦。这年10月，在维布伦的帮助下，他到邻近的一个征兵站登记入了伍，然后被派往海滨小岛上的新兵训练站。然而这时战争已接近尾声，前线不再需要新的士兵了，如愿穿上军装的维纳不免有些沮丧。不久，大批新兵涌到岛上，他们既显得手足无措，又流露出不可一世的姿态，令维纳十分反感，他又一次感到了孤单失落。幸好，兵营里来了一位哈佛大学的闪米特语教师沃尔森，他成了维纳的知音，他们经常在海边漫步，讨论古希腊、犹太和阿拉伯的哲学。维纳又矮又胖，军装紧紧绷在身上，而沃尔森则是瘦高个儿，肥大的军装似乎可以容得下两个他，可是这些并没有遮掩住他们的学者风度，两人实在是绝好的一对搭档。

5. 退步，还是进步？

1919 年初，第一次世界大战终于结束了。当了 3 个月士兵的维纳随部队来到马萨诸塞州的驻扎在艾尔镇的德文斯兵营等待退役。与十几年前的中学时代相比，艾尔镇的外观变化不大，可是在战争期间，它的铁路中心地位已经改变。维纳在这里访问了昔日的朋友，还去发电站干过一天堆煤的工作。但更多的时间，他是在营地图书馆里度过的。正式退役之后，他回到了坎布里奇的家。

父亲通过熟人，在《波士顿先驱报》报社给他找到专栏作家的工作。他接到的头一件任务，是采访劳伦斯纺织工业的罢工情况。在那里，他巧遇了劳伦斯工会的负责人，并进行了实际调查，了解到工人的工作和生活状况。回来以后，他在报纸上如实地做了反映。他还奉命采访参加总统竞选的爱德华兹将军，以及爱德华兹的亲友和相关的知名人士，为的是帮其树立威望。维纳对这种带有政治色彩的任务毫无兴趣，迟迟不能交出文章，结果被报社解雇了。维纳对此早就做好了思想准备，能够脱离这种雇佣文人的职业，他感到无比的轻松愉快。

接下来的待业期间，维纳阅读了好几部数学著作。那是妹妹康斯坦丝的未婚夫——数学家格林(G. Green)去世时留下的。其中有沃尔泰拉(V. Volterra)和弗雷歇(M. Fréchet)的《积分方程理论》、奥斯古德的《函数论》，以及勒贝格(H. L. Lebesgue)关于积分理论的名著。认真读过这些专著之后他才发现，这是生平第一次对近代数学有真正的了解，虽然他以前曾经接触过这些学科，但并未真正理解，自己在数学方面不过是个业余研究者而已。这次，它对谢弗的普通代数概念做了进一步的推广，写出两篇论文。另外，他还把自己在哈佛大学的讲稿整理出来，发表在重要的哲学杂志《一元论者》上面。

这年春天，哈佛的奥斯古德教授来信说，麻省理工学院数学系有个教师的缺额，他可以推荐维纳前去应聘。于是，维纳带着奥斯古德的推荐信前往麻省理工学院,拜访了数学系主任泰勒教授。泰勒询问过他的经历之后,同意安排他做超额新生的讲师,还建议他从事应用数学方面的研究。这些尽管不符合维纳的初衷,但在如今的情形下,麻省理工学院不失为一处避风港,他再也用不着东奔西跑,四处觅职了。他也期望着发挥出自己的聪明才智,以求将来升任永久性的职位。

回顾这几年,维纳的经历也算是复杂而坎坷了。对一个少年得志的人来说,这段经历似乎是一种退步。但是,这些经历使维纳接触了社会现实,学到谋生和为人处世的一些技巧,弥补了维纳未能像普通青少年一样获得正常经验的缺憾。从这个意义上说,他又一次成熟了许多。

维纳住在波士顿,等待着新学年的开始。当地的警察因为对住房和工资条件非常不满,计划举行罢工。市政府并没有因此而让步,决定招募一支义务警察的队伍,以便在罢工真正开始后代替正规警察的职能。维纳带着盲目的爱国主义思想,糊里糊涂地也去报了名。

然而罢工开始后,政府并未立刻调用义务警察,全市一度出现无政府状态,发生了多起暴力事件。24小时之后,义务警察才正式上岗。维纳和另外一名义务警察结伴巡逻,所幸没有遇到什么暴力事件。后来,他又奉命到贫民窟去逮捕一个殴打妻子的莽汉。他拔出手枪对准这人,对方已经束手就擒了,他自己的双手却抖个不停,险些扣动了扳机。还有一次,他在犹太贫民窟的街道上巡逻,看到一个男孩正与同学们讨论数学题。他走上前去听了几句,随后打断这男孩的话,很快帮助他们解决了问题。在孩子们敬佩的目光中,他背着双手,得意扬扬地去别处巡逻了。

几年之后,这名男孩考取了麻省理工学院数学系,成了维纳指导的一名优秀学生。最后,他成为卡内基理工学院的数学教授。

第五章 攀登数学之巅(1919—1935)

——麻省理工学院的数学家

1. 起 步

维纳总算在麻省理工学院(Massachusetts Institute of Technology,简称 MIT)找到了落脚点,但是今后的发展趋势还很难预料。MIT 当时只是一所工科学校,在校领导的观念中,数学仅仅是为工程学做准备的工具,数学系的唯一职能就是日常教学,它在 MIT 只起辅助性作用。正因为如此,该系以前很少有人在数学研究方面做出成就。维纳在这里刚刚开始工作,就有了深切的感觉,他要教的课程被排得满满的,一周超过 20 节!

不过，这并不意味着维纳真的没有机会从事研究，系内有几位教师期盼着 MIT 有朝一日能跻身于名牌大学之列，数学系也发展成为美国的数学研究中心。他们经常向泰勒主任提出开展研究的计划，泰勒本人没有搞过研究，他原本也仅仅满足于为培养优秀的工程师做贡献，但是他又十分希望数学系能不断繁荣进步、扩大影响，在多次听取教师们的意见和建议之后，他对研究工作给予了充分的支持。

穆尔和菲利普斯是教授当中眼光最长远的两位，他们对维纳的前途也给予了热心的关注。他们请维纳一起参加研究工作，在他提出一知半解的问题或者不够明确的想法时，总是耐心予以指点。他们和维纳创办了一份在当地发行的数学杂志，使维纳有机会展示自己的研究成果，对于一个刚刚踏上职业数学家道路、内心缺乏自信的年轻人来说，两位教授的信任和期望实在太重要了。维纳由此感到了自己的希望所在，他振奋精神，把大部分业余时间都用在数学研究上，每天从上午 9 点到下午 5 点，如果他不是在教室里讲课，那么一定是坐在办公室里埋头钻研，甚至在周末他也没有放松。

2. 布朗运动

MIT 的工科性质使得维纳有机会将数学和工程问题结合在一起研究。在这里，他开始了对布朗运动的深入探索，这是他在数学方面从事的第一项重要研究，并且预示了他将是一位面向自然科学和工程技术的理论数学家。

在中学课本里我们了解到，19 世纪时，美国植物学家布朗(R. Brown)对花粉颗粒在液体中的运动做了仔细地观察和研究。在显微镜下，花粉颗粒不停地做着无规则运动，布朗认为，这实际上体现了液体分子所做的永无休止的随机运动，以后，人们就把这种微观领域中物质微粒的普通运动形式称为布朗运动。那么，作为数学家的维纳为何会对布朗运动感兴趣呢？这里有着物理和数学两方面的深刻背景。

19 世纪末和 20 世纪初，物理学发生了一场重大变革，从牛顿(I. Newton)所建立的经典物理发展到现代物理。这除了体现在爱因斯坦等人创立的相对论和量子理论之外，还有一种观念性的变化：从确定性的世界观转向随机性的世界观。前者认为，物理现象都是确定的，从某一时刻的状态可以完全地预测出以后任何时刻的状态；而后者则认为，在稳定的物理现象中包含着许多随机发生的不确定的事件，由于现有测量仪器的不完善，我们既不能准确测出考察对象在某一时刻的状态，也不可能完全预知它在未来某一时刻的状态。

通过菲利普斯的影响，维纳意识到，物理学观念的更新同数学理论的发展之间很可能有密切的联系。给他留下印象最深的是19世纪末美国数学家吉布斯(J. W. Gibbs)在统计力学方面的工作，为研究随机现象提供了全新的观念和有力的支持。其基本方法是在给定条件下，估计出物理对象在某时刻呈现某种状态的概率(可能性)，从而尽可能准确地预测其发展趋势。吉布斯的思想方法使维纳受益匪浅，成为他研究布朗运动的动力和基础之一。

从数学的角度说，维纳对布朗运动的兴趣要追溯到他对泛函分析学的研究。就在他到MIT工作之前的那个暑假，辛辛那提大学的青年数学家巴尼特登门拜访。维纳对他研究的泛函分析学很感兴趣，于是请他推荐一个好的课题。巴尼特建议,可以将著名的勒贝格积分理论从实数空间推广到函数空间上,可以说,这个建议影响了维纳一生的研究,他最著名的成果大多源于此。

维纳带着这个问题来到 MIT,业余时间主要就对付它。他借鉴了几位欧洲数学家的一些工作,并试图寻找一种与之相对应的物理现象。当他接触到布朗运动与吉布斯的统计力学理论时,惊喜地发现,这种物理理论非常适合自己的要求,它恰好体现了与空间积分问题类似的逻辑结构:研究布朗运动中微粒的不规则轨迹,与把勒贝格积分推广到空间积分问题具有类似的逻辑结构;研究布朗运动中微粒的不规则轨迹,就相当于把勒贝格积分推广到空间中曲线的情形,从而也将吉布斯的理论从平面或空间中的点推广到空间中的曲线。因此,布朗运动为空间积分提供了研究背景,空间积分理论则成为描述布朗运动的数学模型。

1905 年前后,爱因斯坦等科学家已经对布朗运动做过一些基本的研究,将其纳入了现代物理学的范畴,他们着重考察微粒在特定时刻的行为,或者对许多微粒的行为做长时间的统计。而现在,维纳把积分理论和吉布斯的思想结合起来,有了一个新的明确的目标:从数学角度精确描述出微粒运动所遵循的曲线轨迹。

按照研究物理现象的常规,维纳首先对布朗运动做理想化的处理:微粒运动的实际情况,并不像我们所观察到的那样连续不断,因为液体分子与微粒的任何两次碰撞之间总存在时间间隔。然而,这种间隔都是极为短暂的,以至于我们的任何仪器都无法测量出来。所以,可以将液体分子视为无限小,它们对微粒的碰撞是没有间隔,也即连续的,基于同样的原因还可认为,分子在任何时刻都没有确定的运动方向。经过这种理想化之后,维纳凭数学直觉立刻猜测到:布朗运动所对应的数学形式,应当是空间里连续的而又不可微的曲线!

这是一个高度完美的结论,维纳对其正确性深信不疑。到 1921 年,他就证明了:如果用函数空间的曲线来表示布朗运动的路径,那么除去一个测度为零的集合之外,所有的曲线都是连续而又不光滑(即不可微)的。毫无疑问,这个结果无论在物理学还是在数学上都是重要的发现。

在研究布朗运动的同时，维纳还注意到了一种电子学上的现象：电流在导线或电子管中传导时，会产生时而密集时而稀疏的不规则情况，这就是所谓的散粒效应。一般情况下，散粒效应十分微弱，需要借助放大装置才能观测到，但是当电气设备的负荷很大时，这种效应就非常明显了，会严重影响设备的正常运转。维纳意识到散粒效应和布朗运动在起源和数学依据上的相似性，因而做了相应的研究。随着广播、电视和雷达等大功率电气设备的出现和发展，维纳的研究成果逐渐成为电气工程界所不可缺少的理论工具。

研究布朗运动对于维纳本人来说也有着十分重要的意义。这是他独立科研生涯的良好开端，一定的成就使他增强了自信，而且他后来的许多工作都在一定程度上与此相关：他进一步发展了古典概率论，提出了新的测度和积分概念，定义了随机函数W(t,w)，这些概念后来都以他的名字来命名，甚至布朗运动也被称为维纳过程。这些开创性的工作揭示了概率论和其他数学分支之间的联系，成为现代概率论的基本组成部分。20世纪20年代,他又研究了相关的位势理论和广义调和分析。经过20多年的工程实践,他发展了信息论,并最终创立了控制论。

3. 成长和进步

20世纪20年代,继布朗运动之后,维纳还从其他物理和通信工程问题出发,在位势理论和广义调和分析等数学领域中取得了卓越的成就。

维纳经常去哈佛大学拜访物理学教授凯洛格,商讨他们感兴趣的各种问题。有一天,凯洛格告诉维纳,位势分布这个老问题正重新引起人们的关注,他本人已经就此做了一些重要的工作,并且正指导两位博士生以此为题撰写毕业论文。位势问题涉及在时间或空间里变化的那些可测的物理量,如房间中的问题,液体或气体的浓度,导体中两点间的电压等,这些量在物理学上统称为势。关于一般的势分布的数学理论已经比较清楚了,这些势需要用时间和方向两个变量来刻画,所以其变化情况可以归结为偏微分方程。但是,对于空间中非常特殊的区域附近(称为边界区域),势的分布就相当难以描述了。例如,向一个一端极其尖锐的导体充电,那么电荷在这个导体的大部分位置上是均匀分布的,而在尖端附近,电荷的变化程度非常大,甚至可能将其周围的空气击穿！这就是为什么在雷雨中,一些尖锐的金属体出现电晕效应的原因,避雷针也正是根据这种原理而设计的。

听了凯洛格的介绍,维纳当即表现出极大的兴趣。回去之后,他考虑任何能把位势的分布从数学上加以理想化的可能。如果有两段圆弧相切,切点及其两边将形成非常尖锐的区域,像这样尖锐的导体周围,势场的分布必定是极不连续的。那么,导体究竟尖锐到何种程度才能出现这种不连续现象？它与导体周围的介质又有何关系？这是维纳所关心的两个主要问题。

他连续思考了几天,取得了很大的进展,甚至超过了凯洛格的两博士生已有的工作水准。他满心欢喜地去找凯洛格,报告了自己的成果。不料,凯洛格希望他选择适当的时机再去发表,以免影响到这两位博士生毕业论文的通过。凯洛格认为,作为公认的数学家，维纳应当宽厚一些，把机会多留给年轻人，维纳则觉得，他只是从凯洛格那里了解到课题，并不清楚他们使用的是什么数学方法，所以他完全有资格把自己的独创结果公之于众。这样一来，他和凯洛格之间的不愉快就不可避免地产生了。

维纳继续钻研位势理论，对区域内部的电磁势与边界上电磁势之间的关系，他提出了一种新的观念：两者之间是一种广义积分的关系，而不是如传统所认为的那种极限关系。由此，维纳大大地扩展了位势理论的许多概念，并为菲利普斯教授的进一步推广奠定了基础。

同一时期，法国大数学家波莱尔(A. Borel)发表了一系列有关拟解析函数的论文，根据级数的收敛和发散来考察拟解析函数性质。维纳马上想到，研究位势理论的某些问题时也可采用类似的方法。当时，法国数学家勒贝格指导他的一名年轻学生布利冈也正在研究这个问题。为了保证自己的研究具有创新性和领先性，维纳竭尽全力，很快就达到了预定的目标。他请一位精通法语的墨西哥学生瓦亚尔塔帮忙，写出一篇法文论文，立即寄给了勒贝格，希望发表在勒贝格主编的法国科学院《导报》上。

极为巧合的是，布利冈在此时也获得了极其重要的成果。遵照勒贝格的建议，他把尚未加工完善的结果用密封信的形式呈交给了法国科学院，以免夜长梦多，被别人抢先。第二天，科学院拆启了布利冈的密封信，而就在同一天，维纳的论文也寄达了！这两篇论文用不同类型的数学语言写成，但是基本思想是一致的。勒贝格将它们一同发表在下一期的《导报》上，还亲自为它们写了序言。维纳和布利冈两人平分秋色，通过这种平等的竞争建立了联系。1922 年夏，维纳访问欧洲时，还专门会见了布利冈。

维纳和 MIT 的电机工程系也有着密切联系，特别是由于该系系主任杰克逊的鼓励，维纳一直关注着电机工程学的发展。当时，无线电技术还停留在起步时的水准，广播所覆盖的范围十分有限，通讯也只是业余爱好者们关心的事，电子管虽已出现，却尚未引起足够的重视，电视机则处于研制阶段。同时，电话事业在迅速发展，电话网在世界各地迅速普及。在这种形势下，像杰克逊这样有远见的电机工程师开始特别注意通讯理论问题，尤其是其中涉及的交流电的原理，他希望找到一位兼通数学和工程的科学家，对电机工程，特别是通信工程中的理论问题做出解释。

20 世纪初，美国电机工程师施坦因梅茨率先用复数这种数学形式来描述固定频率的交流电：复数的模代表电流强度，辐角表示电流的相位。这使得交流电的理论变得条理化，但是在电话和无线通信中，所传输的交流电要复杂得多，电线中同时负载着多种频率的电流，而每条电流的振荡频率也并非是固定不变的。工程师们的目标，就是从混杂的电流中识别出各个频率的电流，以便有针对性地加以处理，这时仅仅依靠复数理论就远远不够了。

从数学图像上看，某个频率的交流电对应着坐标平面上的一条正弦曲线，复杂的交流电对应的曲线也很复杂，把各个电流分离出来，就相当于把复杂的曲线分解成许多条正弦曲线之和。研究这样一门学问的数学理论就称为调和分析学。1920 年左右，法国大数学家傅立叶（J. B. J. Fourier）所开创的级数和积分理论已经为此奠定了深厚的基础，但是从事实际工作的工程师们还没有了解到这些理论的价值,而纯数学家们则很少过问工程师们感兴趣的问题,他们所研究的傅立叶变换只适用于范围很小的一些问题。

通信行业的工程师们在当时广泛使用的计算方法,是由英国科学家希维赛德(O. Heariside)提出的,并没有得到完整严格的证明,维纳的目标,就是为这种算法建立起牢固的逻辑基础。他敏锐地意识到,希维赛德的算法实质上就是一个广义调和分析学的问题,它与布朗运动问题是相互关联的。自己要在通信工程理论上有所创造,可以从这个问题出发,依靠和进一步扩展调和分析。

1926年初,维纳发表了自己在调和分析方面的第一篇论文,两年后又改进了哈代和李特尔伍德提出的陶伯型定理。他关于广义调和分析的长篇论文在1929年发表,1932年则建立了一般的陶伯型定理,这项工作发展了复变函数调和分析,并为巴拿赫代数理论奠定了基础。

在这个研究过程中,维纳对三角级数理论有了整体上的把握和发展。同一时期,丹麦数学家哈拉德·玻尔(Harald Bohr,杰出的物理学家丹尼斯·玻尔之弟）开创了概周期函数的研究，它在性质上类似于周期函数，是调和分析学的一个新领域，为一般形式的三角级数研究提供了更有效的方法。维纳吸取玻尔理论的思想精华，做了进一步推广。在物理学上，维纳的方法不仅可以表示能量集中在孤立谱线上的声波或光波，也适用于更一般的、连续分布的谱线。

4. 环境的改观

1919 年维纳初来 MIT 时，校长是物理学家兼教育学家理查德·麦克劳林（Richard C. Maclaurin），他在国内外有相当大的知名度，对提高 MIT 的地位做出了积极贡献。然而就在维纳刚刚到任的那个学期，麦克劳林去世了，维纳等人的愿望——改变数学系以及理科各系作为服务性系、科的状况，又变得遥遥无期了。此后数年中，校务一度由教师委员会治理，后来又有两位校长继任，但是在维纳看来，他们全都无所建树，MIT 的情况十分不尽人意。

维纳在 1924 年被提升为助理教授，但他对这种升迁并不满意，觉得自己没有受到足够的重视，抱怨那些成名的数学家（尤其是哈佛的一些数学家）压制了自己，更进一步，他认为自己没有得到国内数学界的支持，自己的成功完全得益于欧洲数学家的帮助。这种想法自然过于偏激。其实，从前面我们已经看到，国内的学术机构提供给他的机遇和荣誉并不少，而且当他转向数学之后，研究工作多与物理学或工程问题相关，往往要延迟许多年才能在实际中产生影响，晚一些得到国内同行的承认，也就在情理之中了。

1928 年，物理学家康普顿（K. T. Compton）被任命为校长，MIT 有了新的转机。在学校发展方向的问题上，康普顿比以往任何一位校长都要眼光远大，他清楚地意识到：一所实力雄厚的工科学校同时也必须在理科方面出类拔萃，数学、物理和化学等基础学科不仅要为工科发展服务，对其自身的直接研究也具有重要的意义，应当像培养工程师那样，积极地培养这些学科中的科学家。

数学系的教师们欣喜地看到，新校长的政策改变了他们在学校中的地位：他们不再仅仅是整日忙忙碌碌备课和批改作业、手持粉笔在黑板前走来走去的普通教师，他们更是与工程师平起平坐的数学家，他们开始得到更多的鼓励和机会去从事研究工作，而这已是学校正常工作中不可或缺的组成部分。

教师们的工资待遇也得到了持续的提高。这些都使大家干劲倍增，对学校的前途充满了希望和信心。维纳本人也从中直接受益，1929 年，他被提升为副教授，由于在广义调和分析和一般陶伯型定理两方面的重要工作，1932 年他又晋升为正教授，个人地位得到了保障。同时，他的朋友、电机工程系的万尼瓦·布什博士被提升到行政管理岗位上，负责管辖学校的实验室，这是 MIT 进行改革的步骤之一。

布什在电机工程方面已经做出了卓有成效的工作，特别是对电子计算机所做的改进。19 世纪中叶，英国数学家巴贝吉（C. Babbage）设计制造出一套计算装置，具备了现代电子计算机的雏形。但是，这种计算机属于纯粹的机械装置，通过机械的转动和相互作用而求出数学运算的结果，因此，虽然实现了自动化，效率却很低，而且很容易出故障。布什首先在设计思想上迈进了一大步，用随时间变化的物理量来代替数字，使计算机从机械数字机时代走入模拟机时代。同时，他又充分利用工程技术的新成果，以电力系统来驱动巧妙组合起来的机械装置。这样的计算机不仅大大提高了运算速度，降低了故障发生率，更使求解常微分方程等复杂的数学计算问题成为可能。按照这种思想和方法设计的计算机被称为布什机。

进一步，布什考虑用模拟计算机来求解偏微分方程，这比解一般的微分方程要困难得多，因为物理量的变化既与时间有关，还同空间和其他的基本量有关。维纳就此向布什提出了很好的建议。同时，布什正在撰写一本有关电路理论的书籍，维纳在调和分析方面的研究成果对他很有用处，所以布什经常向维纳请教相关的问题，还请维纳参与撰写其中有关傅立叶分析的章节。两人的合作非常愉快，布什钦佩维纳同时具备了数学家和工程师的双重才能，维纳也对布什的提升以及自己能对他有所帮助而感到由衷的高兴。

5. 良 师 益 友

20 世纪 20 年代后期,维纳开始指导研究生和年轻学者的工作。他所带的最早的一位博士生是马肯豪普特,研究课题是将一类概周期函数应用到弹性体的振动问题中,这个课题十分符合维纳的研究习惯:将纯数学和应用数学联系起来。维纳认为,这种研究是他的职责。接着,他接收了来自日本的博士生池原志恒,池原根据维纳的指导研究素数理论,其成果吸引了更多的学者加以推进。这部分内容原先属于高年级研究生的专门领域,多年以后,它已经简化成了大学高年级学生的课程。

维纳所指导的研究生中还有一位也是东方人,他就是来自中国的李郁荣。

李郁荣祖籍广东新会,1904 年 4 月 14 日出生于澳门,他少年时代先在广州岭南学院就读,1920 年转入上海圣约翰大学,接受了两年高中和两年大学教育,1924 年秋毕业后赴 MIT 留学,专攻电机工程,1928 年开始攻读博士学位。

1929 年,李郁荣来到位于纽约长岛的贝尔电话实验室,在布什的指导下进行实习。而此时,维纳考虑这样一个工程问题:将自己在广义调和分析方面的成果引入电网络的设计过程,选用拉盖尔函数构作一系列标准电路,再经适当组合完成网络的综合,达到简化工程设计的目的。他请布什推荐一位能透彻领悟高等数学理论的电机工程专业的学生,协助自己进行设计和试验,顺便还可以在维纳的指导下写一篇论文。布什推荐了李郁荣。

后来的事情正如维纳所评述:“这是布什替我做的最好的事情之一,我永远感激他让李在我的指导下进行研究。”年轻时代的李郁荣,细致稳重而果敢善断,这与维纳的个性互补起来,达到合作研究所必需的平衡。更重要的是,李郁荣深刻地理解了维纳原设想的本质,将数学工具和电工技术结合起来,实现了对电子部件的充分利用和基本电路的有效组合。他在贝尔电话实验室工作了几个月,制造出这种网络的模型,其性能达到了预期的水平,这就是著名的李—维纳网络。后来,他们把这项发明出售给了贝尔实验室所属的美国电话和电报公司(AT&T),

并获得了美国专利。

20世纪40年代维纳研究防空火炮装置,解决“黑箱”的分析与综合问题时,李—维纳网络发挥了重要的作用,而通过剖析这一网络的数学实质,李郁荣完成了自己的博士论文,利用拉盖尔函数的傅立叶变换对电网络进行综合。1930年5月,李郁荣获得MIT授予的科学博士学位,成为中国早期的电机工程学博士之一。凭着自己的科研才能,他被华纳兄弟公司下属的联合研究公司聘用,担任特殊开发工程师一职,对李—维纳网络做了改进。

20世纪30年代,维纳还指导了数学系的马丁和卡梅伦,他们沿着布朗运动这一方向做了大量工作,使布朗运动最终成为MIT数学系的一个分支。他们后来也都在美国的大学中担当了重要角色。赖文森、马森和萨斯劳是三位犹太青年科学家,他们对自己受到的歧视深感失落,而维纳的热心指导使他们重新恢复了自信,紧密地团结起来,形成了一个强有力的研究集体。我们不妨来听听赖文森的回忆:

我认识维纳是在1933年,当时我还是

电机工程系的学生,在他班上听高等数学。他的课在当时达到了讨论班的水平。有时他会在黑板上做起研究来,有他这样的老师可真是让人深受鼓舞。有一次,他发现我能理解他要干的事情,便把佩利—维纳的手稿交给我,让我帮他修改。我发现了一处漏洞,并证明了一条引理作为弥补。维纳立即坐到打字机旁,亲自打下这条引理,并署上了我的名字送到一家刊物去发表。很少有哪位知名的教授会为一个年轻的学生来做这种秘书行政的事情。他劝我从电机工程系转过来学数学。接着,他又拜访了我的父母——没有受过教育、生活在破落的犹太移民区的工人,向他们保证我在数学上准有出息。之后5年里,他又好几次去看望他们,一再向他们做保证,直到他最后帮我找到了一个永久的职位(在那萧条的年代,这样的职位可不好找)。

还有一件事很能体现维纳对年轻人的关心。一个在阿提卡监狱服刑的犯人西蒙是数学爱好者，他仰慕维纳的名声，写信请求维纳寄一些有关“混沌”的资料给他。维纳不但照办了，在了解到他的数学水平之后，还送给他一些合适的教科书，鼓励他继续钻研数学。两人通了3年信之后，维纳亲自到监狱去看他，还提了一些有趣的问题让他去解决。

在MIT，维纳性格多变是出了名的。在与同事相处时，他时而兴高采烈地侃侃而谈、滔滔不绝，时而情绪一落千丈、消沉失望。在学生眼里，他又是个表面上粗枝大叶、内心聪明敏锐的学者。一天，一个学生在校园里遇见他，连忙上前打招呼，并趁机请教问题。两人谈了很久，等到问题解决之后，维纳反而迷惑了，拍着脑门问这个学生：“你还记得我是从哪个方向来的吗？我已经吃完了午饭，还是要去吃午饭？”还有一次在讨论班上，维纳在台下听报告，居然坐着睡着了，还打起鼾来。报告人既好气又好笑，在证明了一个引理之后，故意大声说道：“这个结论同陶伯型定理没有任何关系，”没想到话音刚落，维纳立刻醒了过来，一边说：“不！有关系！”，一边走到黑板前，很快就证明了该引理同陶伯型定理之间密切的联系。在同事和学生们眼中,这样一些小事非但没有影响到维纳的形象,反而使他成了一位坦率实在的良师益友。

随着维纳在学术上的不断进步,荣誉也接踵而至。1926 年,他入选美国文理科学院,1933 年当选为国家科学院院士,同年,因在陶伯型定理方面的成就,他荣获了美国数学会 5 年颁发一次的博歇奖,接着又受邀为《讨论会丛书》撰写专著。1934 年,他还当选为美国数学会副会长。可是,正如前面已经讲过的那样,维纳对荣誉和头衔并不感兴趣。科学院每年竞选新成员时,难免出现激烈的竞争和讨价还价现象,这些令他十分讨厌,所以他不久便辞去了科学院院士的资格,也正因他曾明确表示不喜欢担任行政职务,才没有被选为美国数学会的会长。

6. 与欧洲科学家的合作和友谊

在科学研究上,维纳还具有合作精神,他与众多数学家和科学家,特别是欧洲来的学者建立了深厚的友谊,这是他扩大自己影响的重要途径之一,也是他不断取得成就的基础。

迪克·扬·斯特罗伊克(Dirk Jan Struik)是维纳访问格丁根大学时结识的荷兰数学家。在维纳的帮助下,斯特罗伊克于1927年调到MIT工作。他和维纳同岁,喜欢经常和对方讨论共同感兴趣的问题。斯特罗伊克到MIT后,维纳向他学习微分几何的思想和理论,他们试图将这种思想应用到微分方程的研究中,特别是应用到量子理论中的薛定谔方程中。假期里,维纳和斯特罗伊克两家人还一起去新罕布什尔旅游,两人结下了终生的友谊。

1928年夏天,美国数学会在阿默斯特举行夏季会议,维纳前往参加。令维纳特别高兴的是,他见到了在格丁根时结交的数学家塔马尔金(J. D. Tamarkin)。塔马尔金才华横溢,当时正应邀在布朗大学访问研究,他对维纳的研究工作十分欣赏,经他极力推荐,布朗大学数学系于1929年秋邀请维纳前往讲学。

在布朗大学,维纳受到了热情的接待。塔马尔金不仅担当了东道主,还极力支持维纳的数学研究。他鼓励维纳把广义调和分析方面的工作写成论文,还对论文手稿和校样认真地逐字逐句地加以评论。

最后，这篇文章发表在国际著名的瑞典《数学学报》上。同样是由于塔马尔金的推荐，维纳不久又受邀为美国的《数学年刊》撰写了一篇关于陶伯型定理的文章。以前，他很少得到国内学术界的重视，塔马尔金的帮助使他首次有机会在国内扩展自己的影响，他晋升为正教授，主要是依靠了这两篇文章。

维纳对塔马尔金充满了感激之情，同时，他心目中固有的观念也大大加强了：帮助他在数学领域中建立起声望的都是欧洲的数学家。这种感觉促使他更加友好地对待欧洲数学家。接待欧洲来访的同行并进行合作，是他最开心的事情之一。从布朗大学回来之后，他多次会见了德国数学家考埃尔（W. Cauer），一起讨论电机工程和电路分析上的问题。1930 年开始，德国数学家霍普夫（E. Hopf）又成了他的主要合作伙伴。

勒贝格积分理论、概率论和遍历理论都是维纳和霍普夫共同感兴趣的问题，而他们最富成果的合作领域，则是为天体物理问题构建数学理论，尤其是处于平衡状态的恒星辐射的微分方程。在恒星内部，电子和光子共同存在，构成恒星辐射的源泉，恒星外部则是纯粹的辐射。恒星内外都处于平衡状态,但两者的性质却截然不同,也就是说,在恒星表面发生了状态的突变。因此,描述恒星辐射的方程虽然很容易建立,但它却属于一种奇异的积分方程,很难找到普遍的方法来求解。1931 年,他们共同找到了一种求解方法,其基本思想是通过积分变换,将原方程化为泛函方程,然后再用函数因子分解的方法求解。后来,这类辐射方程被称为维纳-霍普夫方程,相应的求解方法也被称为维纳-霍普夫方法。而这一方法成为研究各种数学物理问题的一种常用方法。

对于维纳本人后来的工作而言,这一研究也有着重要的意义。它蕴含了一种崭新的观念,从时间的角度考察两种进程之间的变化,而不像传统方法那样做空间上的处理。这样,内部进程代表在某个时刻之前的状态,外部进程则代表这个时刻之后的状态。这种思想成为研究预测理论和滤波理论的基础,因为在本质上,预测和滤波都是要根据过去的情况来了解未来。它们是维纳在 20 世纪 40 年代的主要工作,也是控制论的核心内容之一。

1932年,英国同行雷蒙德·佩利(Raymond Paley)以研究员的身份来到MIT,和维纳进行为期一年的合作研究。当时,维纳的父亲不幸遇到车祸,一条腿受了伤,正在医院里接受治疗,一连几个星期,维纳都在医院和MIT数学系之间奔波,一边照料父亲,一边积极地同佩利开展工作。佩利性格豪爽,意志顽强,面对数学难题有一种不达目的不罢休的韧劲,由于这种精神,他在级数理论、傅立叶积分和调和函数等领域都做出了贡献,是英国青年数学家的代表。维纳和他合作的主要方向是傅立叶积分理论,佩利从纯粹的数学角度去分析问题,维纳则更多地关注其在电路设计方面的应用。维纳提出问题并给出大略的解决方案,佩利进行严密化的工作。他们的工作地点是一间废弃的教室,里面光线阴暗而且落满灰尘,还堆放了许多废旧物品,但是这丝毫也没有影响到他们的工作热情。傅立叶积分理论中著名的佩利-维纳定理等都是他们的合作成果。

佩利体格健壮,酷爱滑雪,他来美国时所带的主要行李就是一大捆滑雪用具和便于携带的旅行袋。1933年4月,他到加拿大落基山滑雪,不幸在雪崩事故中丧生,年仅26岁。维纳忍着悲痛把噩耗通知了佩利的亲人和朋友。不久,他接到了美国数学会为《讨论会丛书》写作的邀请,感到这是表达对佩利的哀悼和崇敬的好机会。他将自己和佩利的合作成果以及自己的继续探索的内容综合在一起,写成《复域上的傅立叶变换》一书,并特地署上了两个人的名字。该书在第二年出版。

从佩利去世的阴影中走出之后,维纳又结识了从墨西哥来的生理学家阿图罗·罗森布鲁斯(Arturo Rosenblueth)。罗森布鲁斯在哈佛大学研究神经生理学,导师正是维纳家的老朋友坎农教授。罗森布鲁斯在哈佛医学院主办了一个私人讨论会,围绕科学方法及其哲学展开广泛而具体的探讨。维纳是其中的常客,而且逐渐成了核心人物。维纳和罗森布鲁斯也由此结下了长期的友谊。20世纪40年代,他们一起把通讯理论应用到生理学的研究中,使得生理学也成为控制论的基本内容之一。

20世纪30年代,维纳的工作还同苏联数学界有着间接的联系。由于政治上的原因,他从未和苏联数学家见过面,也没有通过信。但是通过数学刊物,他们可以及时了解到对方的工作而展开竞争。特别是数学家辛钦(A. Y. Khinchin)和柯尔莫哥罗夫(A. N. Kolmogorov),领导苏联的概率论学派做了大量工作,维纳和他们你追我赶,不分高下,这是一种无声的竞争,而且超越了国界和意识形态,极大地促进了现代数学在世界范围内的发展。

1933年,希特勒在德国建立了纳粹政府,开始疯狂地迫害犹太人,许多犹太数学家为躲避迫害,纷纷到美国寻找谋生的机会。少年时代的维纳曾经为自己的犹太出身而痛苦不已,但此时,他已经对犹太文化有了深刻的了解,深深感到了自己肩负的重大责任。他觉得,美国数学家应当携起手来,为帮助这些犹太数学家做长期而有计划的努力。此后的两年中,他亲自与美国各地的大学取得联系,将流亡来的欧洲数学家安置在那些大学里工作,其中包括索施(MIT)、拉德马赫尔(宾夕法尼亚大学)、波利亚和赛格(斯坦福大学),以及门格尔(伊利诺伊州理工学院)等。他多次向犹太慈善团体和富商寻求资助,以便把更多的人从困境中解救出来,这也是各大学顺利接收欧洲学者的重要前提。

第六章　国际舞台显身手(1920—1932)

——到欧洲访问和参加会议

到 MIT 后,维纳是国内各种数学会议的积极参加者,有些经历给他留下了深刻的印象:

> 最令人愉快的会议是那些通常在春假期间在南方举行的会议。离开乍暖还寒的波士顿,穿过绿叶正染枝头的马萨诸塞和康涅狄格,到宾夕法尼亚和马黑兰观察洁白的山茱萸和绚烂的南欧紫荆,实在是一件赏心悦目的快事……

随着在学术上的日渐进步以及与国外数学家交

流的增多，维纳也经常应邀到欧洲访问或参加学术会议。对他而言，欧洲是西方数学家和科学的发源地，出访或参加会议绝不仅仅是为了旅游观光或者消遣散心，这更是他个人生活和科研工作的重要组成部分。从下面的经历中，可以明显地感觉到这一点。

1.斯特拉斯堡会议

在科学界，定期或不定期举办各种范围的学术会议已成为一种习惯，来自各地的学者聚集在一起，宣读论文，讨论他们所感兴趣的问题，这对于本学科或领域的发展是极为有益的，也是必不可少的。国际数学家大会就是这样一种全球性的会议。首届大会 1897 年在瑞士苏黎世举行，第二届是 1900 年在法国巴黎举行。此后，每四年召开一次，三到五届分别在德国海德堡、意大利罗马和英国剑桥举行。原定于 1916 年召开第六届，但第一次世界大战打断了这种国际性的合作交流活动，直到 8 年之后的 1920 年，法国斯特拉斯堡大学承办了第六届国际数学家大会。由于德国是战败国，德国数学家被排斥在会场之外，对于国际学术关系中的这种惩罚措施，维纳感到十分遗憾，但这是他第一次有机会参加国际性学术会议，因而还是报名参加了。

会议定于9月举行，维纳计划先寻找一位理解自己数学工作、在公理主义或构造主义方面有共同兴趣的欧洲数学家，在7月和8月里进行合作，然后再去斯特拉斯堡。最后，他发现法国数学家弗雷歇正是他所需要的合作者。弗雷歇不仅理解维纳关于布朗运动的观点，其著作中也体现出公理主义的思想。他给弗雷歇去信，希望能与他合作。弗雷歇原本打算在夏天外出度假，接到维纳的信后，他放弃了度假计划，热诚邀请维纳前去一起工作。

7月初，维纳乘坐法兰西航运公司的轮船赴法。同行的有父亲的几位朋友，父亲委托他们照顾维纳。那时，航海生活中流行狂喝滥饮的放纵习气，父亲的朋友们不仅自己酗酒，甚至还强迫维纳参加。多年来，维纳在父亲的严格教育之下养成了清教徒式的生活习惯，所以无论如何也不能接受，一路上，他闷闷不乐，沉默寡言，盼望着轮船早些靠岸。

欲速则不达，上天似乎还要安排一些磨难。就在临近目的地时，轮船触礁了。那几天一直是阴天，船员无法测量太阳的高度，只能用测程器和罗盘来估算轮船的位置和前进速度，当时的无线电设备也仅仅是通信工具，不是精确的导航仪器。大雾之中，轮船偏离了航向，驶入一片礁石群中。当轮船全速后退准备离开这危险区域的时候，船尾被礁石划开了一个大洞。

海水哗哗地涌入船舱，乘客们乱作一团，争先恐后地往甲板上挤，船上的一位高级职员和乘客中的一位职业拳击家站出来共同维持秩序，混乱的局面才得以控制。维纳虽然也想尽快到安全的地方去，但并没有慌张和争抢，好几次把机会让给了别人。他觉得，抢在别人前面既是胆怯的表现，也损害了全体乘客的共同利益。

木匠加固了船舱壁，轮船在随时可能再次发生危险的情况下继续航行。乘客们按照船员的要求，身上套着救生圈，在甲板上度过了一个不眠之夜。第二天早晨，轮船抵达法国北部港口勒阿弗尔，两脚重新踏上了土地，人们高悬着的心才总算放了下来。

维纳先乘船穿过英吉利海峡，到英国剑桥会见了几位老朋友，其中包括即将去牛津大学就职的哈代教授。他欣慰地看到，同行们都没有忘记他，并且很热情地接待了他。

几天后，他动身去巴黎，在一所预科学校里会见了弗雷歇。弗雷歇正在那里忙着批阅试卷，他中等身材，体格健壮，曾在法国部队中服过役，他也像维纳一样，喜爱散步和旅游，这让维纳更加觉得与他投缘了。

他俩在斯特拉斯堡正式开始了工作，维纳将弗雷歇关于极限和微分的广义理论推广到矢量空间中，给出了矢量空间上的一个完整的公理体系。几个星期后，他们在数学期刊上看到波兰数学家巴拿赫写的文章，内容和结果都与维纳的工作十分近似。巴拿赫开始构想的时间要比维纳早几个月，但维纳两人独立地取得了奠基性的成果，因此这种空间一度被称为巴拿赫－维纳空间。

维纳在这方面又继续写了两篇论文，随后逐渐放弃了对这方面的注意。一则，他不喜欢为了与对手竞争而过分增加自己的压力；二则，这种空间的理论在当时也并不具备维纳所注意的那种物理和数学上的完美性质。更重要的是,他对布朗运动的研究已经到了紧要关头,布朗运动的理论则恰好具备令他满意的那种特性。后来的事实证明,他的选择是正确的:他成了布朗运动现代研究的开拓者,而在巴拿赫空间方面,他最多只是个后来的合作者而已。

会议邻近开幕时,维纳和弗雷歇一家去小乡村达博游览。维纳住在一家小旅馆里,店主和他的太太对维纳都很热情。维纳则偶尔帮他们做些劈柴挑水之类的活,他觉得自己就像住在家里一样舒服自在,站在旅馆门前,可以听到鸡鸣和牛叫声,从打谷场上还会传来连枷发出的有节奏的"啪啪"声。抬头远望,潺潺的河水沿着山村的小路蜿蜒而下,一群农妇正在说说笑笑洗着衣裳。这简直就是隐士和神仙般的生活,维纳不禁陶醉了。有时,他还会到山里散步,登上红色的砂岩山岗,俯视那陡峭的峡谷,则完全又是另一种感受。

会议终于开幕了。作为战后的首次大会,欧洲和美国的数学元老云集于此,场面颇为壮观。英国来了格林希尔(G. Greenhill)爵士,美国的几位权威也纷纷到来，普林斯顿大学的阿达玛（J. Hadamard）教授不到60岁，却在19世纪末就闻名遐迩了，他举止优雅，处处受人尊敬，把关心年轻人的成长看成自己的责任，而不像一般的法国教授那样脱离学生。维纳也从阿达玛的宽厚胸怀中获益匪浅。十多年后，维纳作为访问教授在中国与阿达玛重逢时，阿达玛还依然记得维纳，并且十分了解他的工作情况。

对于维纳来说，这次会议使他与欧洲数学家，特别是首次与法国的几位数学家建立了联系，他感到眼界更加广阔，精神也更加振奋了。并且，他开始觉得，自己在欧洲远比在国内受欢迎，在那些美国数学领袖的眼里，他是无所作为的，能了解或赏识他的工作，给他热情鼓励或同他真诚合作的，多数是欧洲数学家。他盼望着能有机会再次去欧洲看看。

2. 爱情、婚姻和家庭

在这里我们插上一段，谈谈维纳的爱情和婚姻。智力上的早熟使维纳在社交方面有所欠缺，但他绝不是一个整日泡在书堆里，没有七情六欲的书呆子。

童年的维纳就产生过朦胧的爱情，在此后求学和工作的岁月里，他也接触过不少异性，与她们中的某些结下了深厚的友谊甚至有过短暂的爱情。

1921 年，在父母定期举办的一次家庭茶会上，维纳与父亲的一位女学生玛格丽特·恩格曼（Margaret Engemann）相识了。很巧的是，玛格丽特的哥哥是维纳所教班级里的学生。兄妹俩出生在德国西里西亚，10 多岁时父亲去世，他们随着母亲迁移到美国西部的犹他州。他们先是在犹他州立大学学习，后来全家搬到坎布里奇，哥哥进 MIT 学数学，玛格丽特则到哈佛学语言。玛格丽特浑身散发着青春的活力和女性美，待人真诚坦率，深深吸引着维纳。对美洲和欧洲的共同情感使得他们产生了共鸣，一段时间交往下来，维纳觉得玛格丽特十分适合做自己的终身伴侣。

那年冬天的一个周末，维纳全家到乡下新购买的格罗顿农场去滑雪，并邀请玛格丽特全家一同前往。父母很喜欢玛格丽特，不断表示赞同维纳和玛格丽特的交往，这样公开的暗示非但没有收到好的效果，反而令维纳和玛格丽特忸怩不安。于是，他俩决定一段时间内暂不接触。但实际上,那时维纳已经生病了。维纳拜访了玛格丽特的家,当他在车站等候回家的电车时,阴冷的天空下起雨来,他被淋得浑身湿透,随后出现了感冒的症状。接着,他又参加了美国数学会的一次地方会议,会上,因为位势分布的论文问题与凯洛格和伯克霍夫发生了争执。带着虚弱的躯体和沮丧的心情,维纳从格罗顿回到家后就病倒了,经医生诊断,他患了严重的支气管肺炎。

有几天时间,维纳处于昏迷状态,接着是神志模糊的时期。病痛、呼吸困难、同行间的矛盾所带来的烦恼、对自己的学术研究中遗留问题的担忧一起纠缠着他,令他痛苦不堪。此时,他想到了玛格丽特,感到特别需要玛格丽特陪在他身边。玛格丽特闻知维纳生病的消息后,及时赶到医院,忙前忙后,给了他无微不至的照料,这段特殊的相处,大大加深了他俩的感情,两颗年轻的心紧紧地贴在了一起。

1922 年初,玛格丽特离开了波士顿,去宾夕法尼亚州的朱尼亚塔学院任教,主讲法语和德语。两人鸿雁传书,度过了近 4 年牛郎织女的生活。1925 年冬天,维纳应邀于次年 4 月去德国格丁根大学访问,婚姻问题便提到了议事日程上，然而，玛格丽特要到第二年6月份才能结束教职返回坎布里奇，如果在那时结婚，维纳已经身在德国了。圣诞节的时候，维纳一家和玛格丽特一家商定，在维纳动身去德国前夕举行婚礼，然后两人各自继续自己的工作，等到玛格丽特的聘期结束后，再去欧洲与维纳共度蜜月。

1926年4月，维纳和玛格丽特在费城举行婚礼，正式结为伉俪。短暂的分离之后，两人又相会在欧洲，他们先后在法国、荷兰、德国、瑞士、意大利和丹麦旅游访友。路途上的经历证明，维纳的选择非常正确，玛格丽特非常宽容和善解人意，在他遇到学术困难和人际纠纷时给他安慰，在生活上更是细致周到，对维纳的缺点给予了最大程度的包容。维纳深刻体会到了婚姻的幸福美满，另外，作为已婚男子，他在国内学术界所受的偏见也日渐减轻。

1928年和1929年秋，维纳的长女巴巴拉、次女佩吉接连降生了，维纳像一个笨手笨脚的学生，学着如何照料妻子和孩子。他一会儿要耐心地哄孩子睡觉，一会儿要清洗尿布，然后像挂信号旗似的晾起来，一会又要去厨房煮牛奶，忙得不亦乐乎。这是他第一次体会到一家之主的责任感和自豪感,为家庭和事业继续努力,他信心十足。毫无疑问,美满的婚姻、和睦的家庭是维纳走向成功的坚强后盾。

3. 重访欧洲和格丁根

斯特拉斯堡会议(1920年)后仅过了两年,维纳又开始重新访问欧洲,此行的主要目的是和家人共享旅游的快乐,但也与两位欧洲数学家布利冈(G. L. Bouligand)和利赫滕斯坦有直接关系。由于对位势问题的共同关注,维纳与法国的布利冈建立了联系,两人商定,如果有一天维纳访问法国,将安排一次会面。同时,维纳又注意到一位波兰籍德国应用数学家莱昂·利赫腾斯坦(Leon Lichtenstein)的情况,他的研究方向是流体理论,担任国际数学界一份主要的评论性刊物的编辑。父亲和姑妈都曾提到,维纳在德国有一位莱昂表兄,也是位数学家。维纳推断,这两个莱昂很可能是同一个人,于是他写信给自己的表兄,结果证实了他的猜测。莱昂住在柏林,是莱比锡大学理学院的院长,他邀请维纳下次去欧洲时到他家做客。

1922年夏天，维纳和小妹康斯坦丝一起到欧洲旅游访亲。中途，他专门去普瓦捷会见布利冈。他们从未见过面，可是在火车站的月台上，当维纳看到一位年轻人手里举着他的一篇论文时，立刻断定他就是布利冈。布利冈邀请维纳住在自己的家里，然后带他游览了当地的古迹，还特地请来一位考古方面的权威作为向导。

维纳还到柏林看望了表兄莱昂。两人虽是亲戚，却同样没有见过面，甚至连照片也没看到过。莱昂也拿了一件维纳熟悉的东西等在车站，这次不是论文，而是位势理论的主要公式。

1924年和1925年夏天，维纳两度重访格丁根大学。在这里，他重新体会到了昔日求学时的气氛，但是10年以来，情况也有了不小的变化。理查德·库朗成为新一代的数学领袖，他建议维纳寻求资助到格丁根来访问，并表示愿意给他以大力支持。

在库朗的建议下，维纳准备前去拜见格丁根的数学元老克莱因，这是同有着辉煌经历的数学家建立联系的一个好机会。由于克莱因在学术上取得了巨大成就，他在1896年被德国皇室授予枢密顾问官的职务，这是一种显赫的身份，就像被封为爵士的罗素在英国的地位一样，而且等级尊卑更是有过之而无不及。在克莱因家门口，维纳对着上下打量他的女管家，用最好的德语恭敬地问："教授先生在家吗？"没料想，女管家满脸不高兴地瞟了他一眼，回答说："枢密官先生在家！"

维纳跟在管家后面，来到楼上宽敞舒适的书房里。克莱因双膝盖着毛毯，安详地坐在书桌后面的扶手椅里，像一位高贵的国王，浑身散发着智慧的气息。维纳听他侃侃而谈过往的名人轶事，觉得一切都像是近在眼前，时间已经没有意义了。然而，当他听得正在兴头上的时候，克莱因却要送客了，维纳就像进朝觐见皇帝的小人物一样，被毫不犹豫地屏退了。

在格丁根，维纳发现自己创立的一些新观念引起了人们的注意，尤其是在广义调和分析方面的工作。他以此为题做了学术报告，很受师生们的欢迎，希尔伯特更是表现出极大的兴趣。原来，格丁根大学当时正在蓬勃开展对量子理论的研究，希尔伯特和马克斯·玻恩(Max Born)、沃纳·海森堡(Werner Heisenberg)等著名数学家、物理学家都在积极致力于量子理论的统一工作,调和分析的思想可以应用到其中。临走的时候,维纳受邀在第二年夏天到格丁根工作一学期。由于玻恩的帮助,维纳获得了美国古根海姆基金会的资助,成为该会1926—1927年度的旅欧研究员,再次访问格丁根的愿望得以实现。

1926年春天,维纳和玛格丽特结婚后,随即前往欧洲,先到牛津大学拜访了哈代教授,然后到格丁根,迎接夏季学期的开始。临行前,他曾对前来采访的美国报纸记者洋洋自得地谈了自己的想法:能受邀到格丁根这个世界数学中心,说明自己的实力已经增强,自己从此可以摆脱伯克霍夫和维布伦等美国数学家的影响,承担起更多的责任了。不料,柏林的美国学会注意到这份报纸,追根究底,发现维纳的父亲在第一次世界大战中曾激烈地反对德国,在当时德国的民族主义日渐高涨的形势下,维纳免不了要被人另眼相看。同时,格丁根的数学领袖库朗(R. Courant)更加看重与伯克霍夫的关系,在这年年末又邀请伯克霍夫来访,这无疑令维纳极为尴尬。

在格丁根，维纳的演讲也不是太成功，多亏了几位美国和英国同行的支持，他才勉强把演讲进行到底。学期结束后，玛格丽特从美国赶来，给了他极大的安慰，玛格丽特还帮助他协调与库朗等人的关系。

夫妇两人一起在欧洲环游，算是补度蜜月，可是格丁根的阴影一直笼罩在维纳心头，蜜月之旅并不尽兴。最后，他谢绝了库朗的挽留，决定到丹麦的哥本哈根大学，同哈拉德·玻尔一起工作。在那里，他推进了陶伯型定理，并用于证明著名的素数定理，还在调和分析领域中开始了新的尝试。圣诞节的两星期里，夫妇俩参加各种聚会和联欢，与众人一起享受着快乐。1927 年 1 月，他们经过一次风平浪静的冬季海上航行，返回了美国。

4. 剑桥大学的访问学者

此后 4 年多的时间，维纳一直留在国内工作和研究。1924 年在加拿大多伦多、1928 年在意大利波伦亚举行的两次国际数学家大会，他都错过了。前一次他正和妹妹在海外旅行，后一次则因为大女儿即将出生，不便离开。1930 年之后，维纳又一次产生了出国访问和开会的强烈愿望。MIT 给他以很大的支持，批准他在 1931—1932 学年休假一年，提供经费资助他去剑桥大学访问研究，并顺便参加 1932 年夏在瑞士苏黎世召开的第九届国际数学家大会。

1931 年夏天，维纳一家启程去英国。这本是一次开心的旅行，糟糕的是，维纳在出发之前得了重感冒，只有一岁半的小女儿佩吉上船后也开始低烧。幸好，船上的乘客中有几位一流的医生和护士，他们对维纳父女给予了精心的医护。

维纳很快康复起来，佩吉却迟迟不见好转，经医生仔细诊断，她得了肺炎，此时行程还不到一半，在医生继续进行治疗的同时，船上又通过无线电与港口取得联系，预定了一辆救护车，轮船一靠岸，佩吉就被救护车送进了当地医院。几天之后，维纳在剑桥紧邻租了一套小别墅，为大女儿巴巴拉找到一所幼儿园，又雇用了一位保姆，专门在家里照顾身体虚弱的佩吉，一家人这才安顿下来。

在剑桥，维纳主要同哈代和李特尔伍德接触，他们两位之间有着长达 35 年的合作，共同创建了英国的剑桥分析学派。当时哈代刚刚从牛津重新回到剑桥，看上去比原先苍老了许多，但他仍旧酷爱网球和板球等体育活动。对于数学，他只注重数论这样的纯粹理论分支，对数学的应用，特别是数学应用于工程和战争则特别反感。他常说，维纳的数学著作中的工程术语不过是讨好工程师的把戏，是为了装点门面，维纳是个伪装的纯粹数学家。维纳则不以为然，他觉得纯粹数学和应用数学之间并非格格不入，就拿哈代专长的数论这门课来说，其中的许多概念正是研究电报、电话、无线电的有力工具。李特尔伍德的经历和观念倒是和维纳颇有些相似，他喜爱登山运动，对数学有很强的应用意识。在第一次世界大战中，他担任军方的数学顾问，曾发明了一种弹道计算制定射程表的方法。

维纳每周应邀参加三一学院或其他学院的教师聚餐。学者们在餐桌上的交谈十分有趣，才智上的较量不像平时那么激烈。会餐结束后，大家喝上一杯葡萄酒，或是抽上一支雪茄，然后到室外参加滚木球游戏，这是黄昏来临之前的一种极好的消遣。

这年秋天，哈代促成了两件对维纳十分有益的事情，一件是向剑桥大学出版社推荐，出版维纳在傅立叶分析方面的研究成果，另一件是请维纳代替自己主讲一门课程。剑桥大学历来有这样的规定：一位教授有权委托别人以他的名义开设课程，他所在的学院、校方以及学术委员会都将这门课完全视为教授本人的工作。这样，在春季学期开始后，维纳将幸运地成为剑桥的一名准教师，代替哈代讲授傅立叶积分的理论。

圣诞节快要到了，维纳收到欧洲一些同行的来信，邀请他寒假前后去讲学。这其中有德国汉堡大学的威尔姆·布拉施克教授，奥地利维也纳大学的门格尔教授和捷克布拉格大学的弗兰克教授，维纳愉快地答应下来，并携带妻女一同前往。在这次短暂的欧洲大陆之行中，他见到了许多数学家，然而时隔20年之后，他们的变化却令维纳感慨万千：在第二次世界大战中，布拉什凯狂热地支持纳粹主义，撰文讽刺美国数学，把欧洲流亡数学家的聚集地普林斯顿大学称为“黑人小村庄”；汉堡大学的阿延、维也纳的门格尔及其助手哥德尔，还有弗兰克都为逃避纳粹迫害而迁居美国。当年处于主宰地位的数学家主力都迁移到了大洋彼岸，欧洲数学乃至科学的辉煌时代因为战争而成了过去。

在布拉格，维纳一家还拜访了父亲的老朋友，时任捷克总统的马萨里克，受到热情而不拘礼节的招待。随后，全家取道莱比锡和荷兰返回剑桥。在乘船穿越海峡时，孩子们的身体都很好，尽情地玩耍一阵之后，平安无事地睡着了，维纳夫妇可没这么舒服，照料两个孩子已经使他们精疲力竭，冬季的风浪又是如此凶猛，让他们尝够了晕船的痛苦，整夜趴在船舱板上不能动弹。

新学期，维纳在剑桥的授课和写作进行得都很顺利。空余时间，他大多是去剑桥哲学会的图书馆看书。这也是他当年在剑桥进修时常来的地方，一切都是那么熟悉，似乎没有明显的变化。然而毕竟有所不同，如今他已在数学界建立了声望，书架上增添了许多新的杂志和书籍，其中也包括他的著作。

夏末，维纳去瑞士参加苏黎世会议，他再次见到了自己的老朋友，也结识了不少新朋友。会上，他在各种学术和社会活动中都很活跃，学术上的声望和精通多种语言的本领更使他成为一个分组会议的主持人。正是在这次会议上，佩利和他商定，秋天到MIT去一起工作。有两位意大利数学家提出，可以邀请他去意大利讲学。可是他认为，这很可能是意大利法西斯政府资助的计划，因而一口回绝了。一起与会的表兄莱昂知道后，劝说他不妨抛开政治而把这次讲学看作一次纯粹的学术访问。但是自此以后，意大利方面再也没有人提出过邀请。他猜测，这是自己的见解在意大利不受欢迎的缘故。

会议期间，东道主安排了许多娱乐和游览活动，维纳玩得很尽兴，以至于颇有几分疲惫。会议结束后，维纳带着全家从德国乘船，兴高采烈地返回了美国波士顿。

第七章　在中国的日子：科研生涯的转折点（1935—1936）

——清华大学访问教授

1. 来自北平的邀请

1935年元旦刚过，维纳的信箱里忽然出现了一封寄自Peiping，China的信件，寄件人的名字是Yuk Wing Lee，维纳立刻明白，这是自己以前的学生和合作者——中国的李郁荣寄来的。“好久没有他的消息了！”维纳迫不及待地拆开了信封：

尊敬的维纳博士：

上次写信给您时，我正准备动身来北

平。如今,近5个月过去了,我已在清华安顿下来。我一直很忙,没有时间做研究,但我很喜欢教书。我们的工学院有了相当大的扩展,添置了大量电工和机械装置。就在昨天,我们搬进了新建成的电机工程馆,我觉得一切都很顺利,有许多有趣的工作等待着我们去完成。

……

您是否还记得,我曾说过,如果我在某个大学找到稳定的职位,就会邀请您来中国讲学吗?今天这封信就是关于这一邀请的。从这边来说,我觉得只要不出现无法预料的困难,为您争取到正式邀请的机会是比较容易的。我以私人名义给您写这封信,是想了解一下,如果向您发出了邀请,并且时间合适的话,您是否会接受。

我已经和工学院院长顾毓秀博士、物理系的任之恭、萨本栋博士以及数学系的曾远荣博士商谈过,建议向您提供一个研究职位。他们都非常赞成我的建议,并表现出很高的热情……这里有相当一批人早在国外学习时就开始了研究工作，如今正继续为数学、物理和电机工程做着贡献。看到这种情形，我立刻意识到，您非常适合参与到这群人和这种工作中来。有了您的指导，加上您的灵感和思想，我们一定能得到更多更好的结果，我们愿意让您以随意的方式进行个别指导和帮助。

关于研究方向，我还不能完全确定，但至少可以说我们有相当多的工作会使您感兴趣。数学系的曾远荣（芝加哥大学博士）一直紧密追随着您的工作，他渴望能有机会与您一起研究。他已经在《美国数学会公告》上发表了一些成果。或许您还记得赵访熊，MIT 的毕业生，他在最新一期的 MIT《数学和物理学杂志》上发表了一篇论文。物理系有任之恭博士（哈佛和 MIT 毕业）、萨本栋博士和吴有训博士（他刚刚结束了在 MIT 一年的休假回到清华）以及其他一些学者，他们都非常希望见到您，并相信您的帮助将极富价值。电机工程系的顾博士将研究算子分析,我自己准备研究电网络理论,如果您愿意,您可就傅立叶级数和傅立叶积分或者您挑选的其他任何专题开设讲座。关于哲学方面的报告将会受到哲学系的热烈欢迎,所以您可以看到,这里有足够多的工作会让您感兴趣。

清华以工学院拥有的设备和装置而自豪,数学系的图书馆与 MIT 的一样完善,任博士甚至认为物理系的图书馆比哈佛的还要完善一些,我相信,您会发现这些图书馆为研究工作准备了充分的资料。

……

假如这一计划能够实现,我们希望您至少能来访一年,如果您觉得有可能待得更长些我们会更加欢迎。实际上,我们打算请您永久地留在这儿。我不清楚您在 MIT 的安排如何,但我们真诚地希望您能在明年 8 月开始的 1935 学年来访。

我们已经邀请过法兰西学院的保尔·

朗之万教授和哈佛大学的伯克霍夫教授在不同的时期来访。法国的阿达玛教授计划于下学期来访半年。奥斯古德教授如今正在北平大学,他的夫人也已随同至此。

我完全相信,您和您的夫人及孩子们将在中国生活得非常愉快……我知道您喜爱登山和户外运动,也了解您愿意与怎样的人共事、结交什么样的朋友,清华和北平将给您这一切。离清华不远,是有名的香山,您可以尽情地攀登游览。在清华,有一群很友善的人,他们会十分乐意与您结交……

我们期待着在这里与您相见。我几乎没有耐心等待这封信寄到您手上了,可惜现在你我之间尚未开通航空邮政服务。我将非常乐意为您提供所需要的其他任何信息。

希望能收到您肯定的答复,如可能,请通过电报联系,我的电报地址是:

Y. W. LEE

BUREDUC　　　PEIPING

请向您的夫人和布什博士转达我最诚挚的问候。

您真诚的朋友

李

2. 心驰神往

一口气读完信,维纳不由回想起了几年前的往事。李郁荣在 1930 年博士毕业后,到华纳兄弟创办的纽约联合研究公司工作了两年,继续改进李 - 维纳网络。然而在那个年代,东方人很难在美国的工程界立足,维纳想方设法帮助李郁荣寻找稳定的职位,但最终还是失败了。

1932 年,李郁荣返回中国,受聘于上海的中国电业公司,担任电机工程师,参与了财政部主持的上海—南京无线电话和电报系统的建议。次年 9 月,他与在纽约同事过的伊丽莎白女士(加拿大籍)结为伉俪。

1934 年,刚刚成立两年的清华大学电机工程系开始扩建,工学院院长兼电工系主任顾毓秀是 MIT 电机工程毕业的博士,求学期间和李郁荣成了挚友。在他的热情邀请下,李郁荣于当年 7 月北上,担任了清华电工系的教授,并负责该系的教务工作。在他和顾毓秀两人的倡导之下,该系的教学宗旨、课程设置和教材内容都仿效 MIT 电工系的体制,开展了以教授为中心,助教参与计算和实验的科研工作,短短的一年时间,该系的数学和科研就有了很大的发展。在这样的形势下,李郁荣感到时机已经成熟,与各个方面的学者初步商议之后,他向维纳发出了邀请,并做好了必要的准备工作,此后的联络工作也是由他来完成的。

1935 年 2 月 14 日,校长梅贻琦代表清华大学向维纳发出了正式邀请信。

在接到李郁荣的邀请信之后,维纳就立刻回信表示接受,他之所以毫不犹豫地做出决定,一方面是由于清华学校在 1928 年改名为清华大学后,实力迅速增长,20 世纪 30 年代初成为国内最大的高等教育和科研中心之一,在清华,他可以充分阐发自己的学术理论,有机会展开合作研究;另一方面,他希望能暂时改变环境,做一番调整。在给李郁荣的一封信中,他曾谈了自己的感受:“今年我非常疲惫,几乎没做什么新的工作,有一大堆的材料需要整理,能在贵校悠闲的环境中完成这些工作,对于我和我的健康都极为有益。”

从维纳的自传中,我们也可以读到他的心情:

> 未来的中国之行使我充满激情,我不仅只是为了旅游本身而热爱旅行。父亲还教育我把知识世界看作一个整体,每个国家不论地位怎样崇高都不过是这个世界的一个地区,美国科学从狭隘地照搬欧洲科学,上升到占有相当重要而且自主的地位,我就是这个过程的目击者和参与者……我向来认为,欧洲文化比任何伟大的东方文化更加优越,这个情况只是历史上暂时的插曲。因此,我迫切希望亲眼看看这些欧洲以外的国家,通过直接考察来了解他们

> 的生活方式和思维方式。在这一点上，我妻子完全赞同，民族和种族的偏见对于她，就像对于我一样，始终是格格不入的。甚至连我的女儿们，也在我们的教育之下没有沾染上这些偏见。

此后，数学系主任熊庆来致函维纳，商定以傅立叶理论作为他讲学的主要内容，顾毓秀则请他帮忙，为电机工程系购置一台小型积分器（电子计算机）。维纳十分认真地对待这件事，与布什做了周密的商谈，考虑到电子计算机的耗费过于巨大，他们提出了更加切合清华实际情况的建设方案。可惜，由于清华当时的资金和技术条件不足，这一计划最终未能实现。

3. 水木清华

1935年7月中旬，维纳一家由旧金山启航，首先抵达日本的横滨港，他的日本学生池原志恒前来迎接。池原已经在大阪大学谋到教职，在他的陪伴下，维纳先后到东京大学和大阪大学讲学,这都是日本国内一流的大学,它们有好几位数学家在国际上享有盛誉。两周之后,维纳一家从神户出发,乘小轮船前往中国。

轮船驶出日本内海,经过朝鲜海峡进入黄海,最后来到中国北部的渤海湾,当轮船到达天津的塘沽港时,一位海关官员走进船舱,告诉维纳,李郁荣博士已经在岸上等候多时了。维纳随着下船的旅客登上甲板,远远就望见李郁荣向他招手,老友相见,分外激动。李郁荣依旧是那么清瘦,但是刚过而立之年的他也老成了许多,在火车站候车时,李郁荣向维纳简单介绍了多年来自己的情况,然而叙旧的话语并未说上多少,两人就开始讨论未来一年里的合作计划。

火车在平坦空旷的北方平原穿行了几个小时,他们来到古都北平,然后再乘出租汽车到达西北郊外的清华园。李郁荣已经在新南苑为维纳全家预定了住所,这里是一排排中国式的平房建筑,内部设施齐全,专供教授们居住。李郁荣又为他们雇到几位佣人:管家、女仆、车夫和厨师,这样,他们可以安心地做其他事情,而不必为生活琐事浪费时间了。更有意思的是,李郁荣还聘请了一位年老的绅士作为汉语教师,老教师不会说英语,而利用一本汉英对照的教科书来教学。维纳夫妇头一次学习这种完全陌生的语言,充满了新鲜感,通过这位教师,他们还能及时了解到当地所发生的各种事情。

维纳的两个孩子在清华附近南京大学开办的一所小学里读书,它属于美国教会学校,进行的是她们所熟悉的美式教育。放学回家之后,她们和邻居的孩子们一起玩耍,常常给周围的邻居惹些麻烦。有几次她们和其他孩子争吵起来,遭到了辱骂,结果以极快的速度学会了用同样的话进行反击。可是,她们并不知道这些话的含义,于是到学校之后,她们想找老师问个明白,却被老师罚站了墙角。

花了几天时间安顿生活、熟悉环境,维纳正式开始了在清华的工作,他主要给清华数学系的师生上课,讲授傅立叶积分、傅立叶级数和勒贝格积分的理论,参加听课的有赵访熊、陈省身、华罗庚、徐贤修、吴新谋和段学复等。在讲课时,他既传授数学知识,又注意在研究思想和方法上进行指导,所讲的内容既有他以前的成果,也有当时他正在研究的课题。上新课时,他似乎在边思考边讲解,给人以没有做好充分准备的感觉,然而凭借扎实的功底和敏捷的思维,他总能逐步深入,最后解决问题,这反而能使听讲者领悟到他的思维过程,得到有益的启发。

讲课之余,维纳还开始了对拟解析函数的研究,这是性质介于处处解析和不连续之间的一类函数,处处解析的函数(即平稳变化的量)是经典的复变函数论的研究对象,还有一些不连续函数,是由许多彼此无关的函数分段组成的,对它们的研究构成了实变函数论这一分支。复变函数的实变函数既相互关联又彼此独立,代表了对数量变化的两种截然不同的观点。拟解析函数是比较光滑的一种函数,由其中任何一段可以推知整体的性质,但是它们的光滑又不足以用复变函数的理论来处理,所以相关的理论介于前面两者之间,从两者分别借鉴了一些有价值的方法,维纳以自己和佩利的研究为基础,又取得了一些新的结果。

像以往一样,维纳对拟解析函数这种抽象理论的兴趣依然与实际问题——电路的性质密切相关,这正是维纳和李郁荣在以往和现在的主要合作领域。在清华，他们试图改进布什研制的初级模拟计算机，采用高速度的电子线路来取代速度仍较低的、靠简单电路驱动的机械装置，这种改进涉及一种全新的技术，要将电路的输出信号作为新的初始信号反馈回电路之中，这在当时的理论和设备条件下，短期内是无法解决的。但是，他们的合作还是具有积极的意义：维纳从此开始密切注意反馈问题，以前在布什机中也有反馈部分，但是功能十分微弱，而这次维纳面对的是电子线路中较强的反馈作用，因而强烈希望建立起一套完整的理论。这项在中国萌动的科学突破，后来在第二次世界大战中获得了成功，成为控制论的核心内容之一。正如维纳后来在《控制论》的前言中所写的：

> 很久以来我就意识到，一旦国家有事，我的作用将主要取决于两件事，即我同万尼瓦·布什所拟定的计算机研究计划的密切接触，以及同李郁荣博士在电网络设计方面的合作。事实证明，两者都是非常重

要的。

同时,他们还研制出一种相关的新式继电器,经过与美国驻天津领事馆的多次交涉,原先的李-维纳网络和这次的新式继电器都获得了美国专利。

维纳与李郁荣的合作是默契的,在生活上也相处得非常愉快,李郁荣经常陪同维纳等访问清华的学者一起进城观光、购物。每当两人在书房里埋首工作时,维纳夫人和李夫人就在隔壁交谈或读书,夜深之后,她们再喊他们过来吃夜宵、喝茶,最后以玩牌来结束这一天。

在清华,维纳还指点了自学成才的残疾青年华罗庚与同事、好友徐贤修的合作,完成了"关于傅立叶变换"一文。维纳回国后,将其推荐发表在MIT的《数学和物理杂志》上,这是华罗庚在国外发表的5篇论文之一。文中特别表达了对维纳的感激:"我们感谢维纳教授在清华大学讲授的傅立叶变换的课程,我们必须借此机会为他的有价值的建议致以深深的谢意。"

华罗庚在清华学习了哈代和李特尔伍德的数

论，重点研究华林问题。维纳十分赏识他的才华，极力推荐他到剑桥去做研究。能直接在哈代等人的指点下钻研，接触到剑桥学派的最新成果，对华罗庚的学术发展有着至关重要的作用。

除了学术研究，维纳还有机会充分地领略当地的风俗人情。清华的教员多数是中国人，但大部分是从美国和欧洲留学回来的，英语是校内普遍使用的一种语言。维纳上课时使用英语，所有的学生都能听懂，课余时间，他在休息室里学习中国象棋、五子棋和围棋，还借机动用一下他学过的汉语。

在清华安顿后不久，数学系主任熊庆来和夫人邀请全系工作人员到颐和园里参加宴会。这里欧式的殿宇和长廊，每个拐角处都有形状独特的窗户：花瓶形、琵琶形、心形和菱形，迂回的小径两边种着银杏树，顺着蜿蜒的阶梯爬上山坡，可以到达精巧的别墅中，熊夫人带来了精美的小吃，服务员手提食篮为大家服务，大家边吃边随意地交谈，气氛十分平等自由。

熊庆来还邀请维纳一家前往家中做客。熊庆来家里挂着一些西方油画，更有不少中国画，淡雅的景物和灵巧传神的小动物跃然纸上,让维纳深切领略到中国人崇尚自然的审美情趣,熊夫人所布置的丰盛菜肴更让维纳赞不绝口。在他看来,中国的绘画和烹调都是一种独特的艺术,特别是中国的菜肴非常鲜美,令他这个素食者大饱口福,面对满桌的二三十道菜肴,他甚至无法去一一品尝。

4. 人力车、北平城和阿达玛教授

维纳一家经常乘公共汽车或出租车进城,偶尔也坐人力车。让车夫拉着自己走,维纳总感到有些不自在。在北平的西北门有个茶馆,是人力车的交换站,城内和城外的人力车分属不同的行会管辖,所以从城外到达这里之后,必须换乘城里的车辆。头一次进城时,车子还未停稳,一群车夫就蜂拥而上,争着要拉维纳夫妇进城,险些没把维纳的衣服扯碎。回去之后,李郁荣帮他出了个主意:他和玛格丽特每人选定一个车夫,此后,他们再也没遇到什么麻烦,而且车夫相当卖力,每当他们到交换站或公共汽车站时,车夫总是做好了准备等候在那里,如果他们因故不能来,就会委托别的车夫代劳。

维纳夫妇和两个车夫相处得很好。每次在城里吃完饭,玛格丽特总是把剩下的饭菜送给自己的车夫,而维纳的车夫是回民,不能吃非穆斯林的食品,维纳就另外付些钱给他买午饭。玛格丽特的车夫和其他车夫打架,弄伤了眼睛,玛格丽特又特地送给他一笔钱养伤和糊口,当维纳夫妇离开北平时,这位车夫送了中国帽子给两个孩子,维纳的车夫则送了一听高级茉莉茶。

在北平,古老的传统和现代化并存,精神上的文明与经济上的落后形成强烈的反差。从雄伟壮阔的宫廷建筑,到路面高低不平的胡同和自成天地的四合院,从身着中式旗袍、气质高贵的都市妇女,到纯朴憨厚的满族农民,无不让维纳感到新奇。在那些高级商店里,陈设的商品以及店员的服务都是一流的,店里的语言也同时使用中国官话和标准的英语,而店面装饰和店员的装束则是地道的中国式。

冬季来临,北平的气温和波士顿差不多低,但空气要更干燥些,沟渠和鱼塘里都结了冰,一些有钱的市民所喜爱的运动就是穿着冰鞋在池塘上滑冰。有许多次,一位胡须花白、穿着长长皮袍的老年绅士也在溜冰,偶尔还玩出一两个花样,让维纳赞叹不已。

当然,能穿得起皮袍的只是少数富裕的人和高级知识分子。穷学生和地位较低的知识分子穿的是蓝色或灰色的长棉袍,而普通的劳动者就只能穿短袄和棉裤了。同样,微薄的经济收入和低劣的饮食使得中国的人力车夫和广大农民四肢细瘦,体格虚弱。从总体生活水平上看,维纳觉得中国人的生活水平不可能达到西方的水平,因为这超出了当时中国的国力,像许多同情和热爱中国的西方人士一样,维纳对此深感无奈。

对中国式的生活日益熟悉之后,维纳期望着能有点变化,恰好在第二个学期,巴黎的阿达玛教授也应邀携夫人到清华讲学,住在城里使馆区附近的一所公寓里。与这位欧洲老朋友重逢,维纳十分高兴,每次去拜访哈达玛教授,他总能听到许多有趣的往事,阿达玛对法国数学界的过去如数家珍,而阿达玛夫人则像是法国大学生活轶事的百科全书,早在孩提时代,她就认识了生物学家巴斯德这样的名人。

维纳和阿达玛的交往还涉及到一幅画像。维纳经常到城里的古玩店里搜购，店里的墙上挂着一幅幅画像，画中的男子或妇女身穿华丽的袍子，神色威严，两手扶膝正襟危坐，既显得一本正经，又不乏机智和幽默。在一次购物时，维纳忽然发觉其中一幅很像阿达玛：稀疏的胡须，鹰钩鼻，清秀而又机敏的面孔。虽然灰黄的皮肤不像阿达玛那么白皙，眼睛也略微有点斜视，但并不妨碍大局，这活脱脱就是阿达玛的画像！维纳当即买下来，又喜滋滋地送到哈达玛家，阿达玛本人颇为欣赏，阿达玛夫人却似乎并不喜欢。后来维纳才意识到，她不愿让别人把自己的丈夫看成这么古怪的人，因为在法国的茶叶店和一些著名的咖啡馆里，往往都挂着与此类似的中国画像，作为那里的标志性装饰。

5. 学年结束

维纳一家恋恋不舍地告别清华的学者们，准备取道欧洲返回美国，顺便参加在奥斯陆举行的第十届国际数学家大会。在顾毓秀的陪同下，他们一家先乘火车到达当时的首都南京，访问了老朋友赵元任。凑巧的是,赵元任正在举办家庭宴会,许多大学高级职员和政府官员应邀到场,赵元任把维纳介绍给他们,让维纳风光了一番。

几天后,他们乘日本轮船从上海出发,开始了六个星期的航行,维纳像以往乘船时一样,到处结交各色乘客,和他们一起下棋玩牌。打桥牌的时候,他喜欢高声叫牌,结果惹恼了一些火气大的对手,气氛一度十分紧张。他还和一个日本军官下国际象棋,原以为日本人只擅长下围棋,不料几盘下来,这位朋友进步飞快,在后面几盘中,维纳都毫不例外地输给了他。

漫长的旅途中,维纳还尝试着写了两部小说,一部是关于自己在学术界的经历和认识的人物,另一部则是完全虚构的人和事。这些小说构思简单,笔法平常,维纳并没有想到去出版它们,但是写作填补了他在旅途中的空虚寂寞,也锻炼了他的文字表达能力。

轮船从红海驶入亚非大陆之间的苏伊士运河,在赛德港稍事停留。维纳一家趁机到古老的埃及首都开罗做了一次短暂的旅游。此后,轮船一直在地中海的凉风中西行,穿过意大利本土和西西里岛之间的墨西拿海峡，进入了第勒尼安海。轮船的船长也是头一次航行到地中海，他特意让船绕着著名的斯特隆博火山转了一圈，乘客们纷纷走上甲板，兴致勃勃地眺望岛上的秀丽景色。

不久，轮船抵达法国马赛港，夫人和孩子继续随船驶往伦敦，维纳则独自下了船，去会见波兰籍数学家芒代尔布罗(S. Mandelbrojt)。芒代尔布罗在巴黎留学和生活，是拟解析函数论方面的专家，他的工作使法国数学在这个方向上处于世界领先地位，因而深受阿达玛赏识。正是通过阿达玛的介绍和安排，维纳才得以在中途与芒代尔布罗会面，他们一起工作了四天，合作写出一篇论文，提交给了随后召开的国际数学家大会。

在奥斯陆，维纳像参加历次大会一样，感到愉快，甚至激动，他觉得，自己处在这样一个世界各地朋友的群体之中，不论是会上的学术讨论还是会议期间的休闲娱乐都让人心情舒畅。会议之后，维纳到伦敦与家人会合，重游了丹麦哥本哈根，最后在挪威南海岸的避暑胜地贝克斯希尔停留了几天，然后返回美国。

在自传中，维纳这样评价中国之行：

> 回顾我的访华和接下来的访欧,我看到自从早年到 MIT 以来,我已取得了多么大的进步……我的科学生涯也已达到使我的成就无可争议的阶段,尽管这些成就在我家乡附近的某些地方还不受欢迎。我已经开始看到我的工作成果,不仅有许多重要的独立论文,而且还表现为一种观点,一种已经不能忽视的学识整体。如果要为我的生涯确定一个特定的分界点,即作为科学上一个刚出徒的工匠,和在某种程度上成为这一行的一个独当一面的师傅,那么我应当选择 1935 年,即我在中国的那一年。

维纳是作为 MIT 和清华大学的共同代表参加数学家大会的。9 月下旬,他致函清华大学梅贻琦校长,介绍了会议情况,表达了对清华大学的感激和美好祝愿,并对中国数学界的进步给予了热切的关注。他不仅期盼着自己有机会再次访问中国,而且鼓动冯·诺伊曼(J. von Neumann)也到清华访问。诺伊曼夫妇对此很感兴趣，于是维纳在 1937 年 5 月就此事向梅校长和熊庆来主任发出了推荐信。令人遗憾的是，两个月后就爆发了日本全面侵华战争，所有的这些设想都化为泡影。

第八章 自动火炮、计算机、脑神经和 Cybernetics(1936—1948)

——创立控制论

1. 战前的多事之秋

1936 年秋，维纳从中国经欧洲回到美国，此后的数年里，环境总是不太平稳，他的心境也因此时起时落。

首先，MIT 数学系的情况令维纳忧心忡忡。他的老朋友霍普夫以及另一位年轻学者道格拉斯都对工资待遇很不满意。他们是 20 世纪 30 年代初来 MIT 工作的，当时尚未充分显露出自己的才华，又值美国经济大萧条时期，所以他们在 MIT 的身价并不高。

几年来,他们在学术上有了巨大的进步,霍普夫与维纳一起研究了恒星辐射平衡的微分方程,道格拉斯对极小曲面的研究成果得到举世公认,他也因此而荣获1936年奥斯陆国际数学家大会颁发的首届菲尔兹奖。同学术的进步相比,他们的待遇没有及时提高到相应的水准,所以两人情绪十分低落。

虽然维纳经常鼓励他们对未来充满信心,但他们还是以消极的态度互相影响,最终,他们决定离开MIT。道格拉斯去了普林斯顿的高级研究院,霍普夫则接受了德国的邀请,回去担任教职,这与众人对纳粹的切齿痛恨和大批犹太科学家流亡到美国的形势构成了鲜明对照。维纳理解他们的选择,却又不可能表示完全支持,内心不免充满难言的矛盾。

前面我们曾提到犹太学生莱文森对维纳的评价。那年,莱文森结束了在英国剑桥的访问研究回到MIT,但他还不是MIT的正式工作人员。维纳竭力为他在数学系谋求职位,却遇到了不小的阻力。一些教师认为,数学系里的犹太学者已经太多,再有新的犹太人来的话,就会影响到先来者的地位。维纳觉得这种想法过于自私,因为在人才缺乏的情况下,应当把获得人才作为首要问题考虑，而将人才之间可能产生的矛盾放在次要位置上。他最终成功了，但在此过程中的确费了不少脑筋。

从更大的范围来说，纳粹主义在世界各地越来越嚣张，不仅要置犹太人于死地，甚至有主宰世界的狂妄企图，这又给犹太出身的维纳造成了压力，他时时感到紧张和焦虑，在妻子的劝告下，他去找精神分析医生求助。

他向医生努力地剖析自己内心的各种动机和观念，比如，他对创造性工作的渴求，对成功所具有的美好感受，以及对文学、特别是诗歌的兴趣。他甚至充满激情地对医生朗诵起海涅的诗歌，声泪俱下，因为这些诗极好地抒发了犹太人的宗教情感。然而医生认为，维纳谈到的这些都不是来自于真正的意识，因为它们和维纳对梦境的描述是矛盾的。医生断言，维纳对治疗采取了抵制态度。维纳感到医生是在生硬地套用弗洛伊德的理论，自己被曲解了。治疗了半年没有什么效果，他只好求助于其他心理医生，这样的情况才有所好转。

精神治疗当然不可能消耗维纳的全部精力，他继续关心着周围的人和事，特别是安顿那些流亡的欧洲科学家。德国来的数学家温特纳（A. Wintner）成了维纳新的合作伙伴，他头脑机敏，对数学研究有高度的热情和首创精神，很受维纳欢迎。他俩把广义调和分析的思维推广到天体力学问题中，用现代概率统计方法研究麦克斯韦（J. C. Maxwell）的气体分子运动论，还严格并简化了冯·诺伊曼和伯克霍夫关于遍历定理的证明。温特纳一家在新罕布什尔州租到了一幢别墅，离维纳家的乡间住所很近，每当维纳在夏天回去度假时，温特纳都是他家的常客。

维纳一直希望有朝一日重返中国讲学，卢沟桥事变之后，不仅他的期盼落了空，他的中国朋友李郁荣也深受战争之苦。当时，李郁荣夫妇正在上海度假访友，战争使他们无法返回清华大学而滞留在上海，只能靠着微薄的积蓄以及李郁荣在几所大学里教书的收入维持生活。李郁荣的科学研究在最关键的时期骤然中断，维纳深感惋惜，他想方设法让李郁荣到美国来工作，却没有成功。

作为一名理想主义者和人道主义者，维纳一直向往着和平和正义，对苦难的中国深表同情。他多次给舆论界写信，在公开场所发表演说，呼吁政府和各种机构增加对中国的援助。在他的影响下，康普顿校长以及 MIT 中其他一些关心中国救济情况的高级人员也都采取了积极的行动。

家庭事务也是维纳必须面对的问题。父亲在 1932 年就从哈佛大学退休了，但是并不甘心，而对他的退休问题，哈佛校长的态度又过于生硬，没有说上些客气话，令他的心情更加沮丧。不久他又在交通事故中摔伤了腿，元气大伤，此后，他的情况每况愈下，尽管偶尔还去哈佛图书馆搞点研究工作，活动却已日渐减少。维纳从中国回来后，父亲又得了中风，整日神志不清，卧床不起，而且表现出焦虑不安的症状。医院对他进行了精心的治疗，但他的恢复情况并不理想。维纳经常要抽时间去他的住所探望、照料，偶尔还带他乘汽车外出散心。3 年后，父亲在睡梦中与世长辞。

两个女儿巴巴拉和佩吉都已经上初中，开始了青春期少女与父母间的冲突，她们对维纳的职位和家庭的地位感到一定的压力，常常流露出不满的情绪。小女儿佩吉不止一次地说：“我讨厌做诺伯特·

维纳的女儿,我要做佩吉·维纳!”维纳本人认为,他并不想以自己的地位压人,或是将自己的意愿强加给孩子们,他为孩子们的每一点进步都感到由衷的欣慰,并且及时给予奖励,他也没有试图把她们培养成神童,以免她们像过去的自己一样,承受太多的压力。作为一家之主,维纳要考虑各种问题,做出许多决定,他感到了自己肩负的责任和义务的重大。

1939 年夏天,维纳驾车去加拿大旅行,随后前往威斯康星州的麦迪逊,参加美国数学会的夏季会议。就在旅行途中,传来了德国发动第二次世界大战的消息,维纳惊异地回忆起,25 年前的第一次世界大战也是在自己旅行途中爆发的,当时他正从德国返回美国,乘船航行在充满炮火威胁的北大西洋中,战争使这次夏季会议草草收场,失去了应有的意义,原准备在会上规划召开的1940 年第十一届国际数学家大会,也因战争而整整推迟了 10 年。

2. 投身战时研究

战火在欧洲燃起，并且迅速蔓延开来，遥远的美国虽然依旧是一片和平景象，人们却不由自主地关注着战局的发展。在学术界和技术界，学者们普遍认为，这场战争终将扩大到世界范围，席卷美国和所有重要的国家，面对暗淡的前景，大家开始千方百计寻找能在战争中发挥自己作用的工作。

此时，维纳已是45岁的中年人了，近视眼和愈发笨拙的体态注定了他不可能有机会拿起枪杆上前线，而不成熟的个性也使他不适合做一名行政管理人员。思考再三，他觉得自己还是应当从事科学研究。

一战期间，维纳曾参与过计算弹道、制订射程表的工作，其复杂性和重要意义远远超过了从数学上解决纯粹的弹道问题。因为它使维纳对实际的计算工作有了具体的经验，再加上多年来同电气工程师们的广泛接触与合作，他预料，自己在战争中所要从事的职业，将是一种把计算机技术应用于电气工程的工作，只是他还不清楚，这个机会将在何时何地降临。

1940 年春天，战火燃到了挪威，法国的形势岌岌可危，维纳的情绪更加不平静，以至于无法与温特纳按计划进行理论研究，更没有心思去享受新罕布什尔乡间的风情。直到 8 月中旬，他参加了在达特默里举行的数学会夏季会议，才感到一丝安慰。

会上，贝尔电话公司介绍了新近开发的一种数字计算机，它使用二进制记数法，只需 0 和 1 两个数字就能组合出所有的数据，比传统的十进制更容易把算术过程机械化。这种设计思想给维纳以很大的启发，他曾帮助布什考虑研制求解偏微分方程的计算装置，这要求机器在相当短的时间内精确地完成大量的计算步骤，他感到，布什原先制造的模拟计算机可能无法胜任如此高速的计算任务，必须用二进制数学计算机加以取代。

模拟计算机把要计算的原始数据表示为可以测量的物理量，如电学量或力学量，然后从这些物理量间相互作用的结果得出数据的运算结果。它的优点是，由于电气和测量设备的灵活性很大，因而建造起来比较容易，但是计算的精确度取决于对原始数据进行模拟时的精确度，而物理测量的精确度很难达到万分之一以内，若要提高精确度，又必定以耗费时间为代价，因此，对于有更高要求的计算任务而言，精确度低和速度慢是模拟计算机的主要缺陷。

相比之下，数字计算机用 0 和 1 的序列来表示数据，其运算法则同日常的十进制计算完全相同。理论上，数学计算机能精确地读出和传输引入的数字，所以在计算速度和精确度两方面都将远远优于模拟计算机。

在具体设计方面，维纳认为，以往的计算机内部多以机械装置为核心，金属的巨大惯性和摩擦对计算过程极为不利，如果代之以电子装置，电流的惯性可以大大降低，相当于摩擦损失的电阻损失在技术上也很容易消除，所以未来的计算机将是电子数字计算机。

用二进制记数法工作，就是要在两种状况中选择一个加以表示。国际商业机器公司（IBM）出品的计算机中普遍采用了在卡片上穿孔的方法，但是对于每秒百万次运算这样的高速度来说，穿孔就是一个十分缓慢的过程了，而且要对数量浩大的卡片加以处理和保存，难度可想而知。如果改用电火花来穿孔，速度可以大大提高，但耗费材料太多依然是无法解决的问题，维纳很自然地想到了采用钢带作为材料，用电磁铁在钢带上做磁性标记，这种标记能高速地制作和读取，也可以高速地抹去，所以钢带可以反复加以利用。考虑到钢带内部的磁场可能会破坏磁性标记，维纳又设想了在非磁性材料上涂磁性物质薄层的办法。

维纳把这些设想和建议告诉了布什，却未得到积极的赞许。布什认为，维纳的设想虽有可取之处，但同眼前的战争联系并不密切，只能等到战后再加以考虑。作为工程师，布什更关心实际的制造，特别是在战争迫在眉睫的情况下，他认为应当集中精力研制那些见效快的实用设备。

维纳只好放弃了电子计算机这个方向，接着，他又考虑用数字和机械的方法进行信息编码或译码。他知道，仅有新设想是不够的，还要看它是否大大优于现有的各种方法。由于实际的需求不同，编码和译码的系统多种多样，有的信息只需要保密一个小时,可以采用容易解译的密码,而有些信息需要保密几个月,所以就必须使用难以破译的密码,介于两者之间还有一系列程度不同的密码,维纳不了解已有的惯例和种种特殊的实际需要,短时间内不可能做深入的研究,因此不得不再次放弃,转而寻找新的研究领域。最后,他找到了防空火炮控制装置的问题。

3. 预测问题和滤波问题

1941 年 12 月珍珠港事件爆发后,美国正式参与第二次世界大战。战争中一个重要的军事技术问题是:如何准确地击落敌人的轰炸机。用防空火炮射击飞机时,由于飞机在不断向前运动,所以必须对准飞机前方的某个地方射击。这就要求为火炮配备一个相当于射程表的控制装置,迅速而准确地估算出炮口对飞机的必要的提前量,使炮弹和飞机同时到达同一位置。这比以前的弹道计算问题要复杂得多,它需要根据飞机过去和现在的位置、方向和速度预测其未来的位置,在数学上,这被称为外推问题。

维纳认为,算子理论是研究外推问题的有力工具,算子是函数之间的变换关系,一个将输入电信号转换为电输出的装置就可以用某个算子来表示,而反过来,并非所有的算子都真正代表某种电转换装置。一个算子具有物理实在性的根本前提是:它的输出仅与输入的过去和现在有关,但是这样一来,就无法用它确定未来的情况,所以它不具备解决预测问题所需要的可实现性。为了解决这种矛盾,维纳考虑采用一系列不可实现的算子作为近似,从数学上逼近出相当于可实现算子的结果。

MIT 负责计算机军事应用的官员了解到他的想法后,立刻将其确定为机密,维纳再也不能随便地与其他人谈论这些思想了。不过,他因此获得了研究条件上的支持,制作出一台装置进行了初步的试验。就在同时,政府部门也把预测理论设立成研究项目,委派年轻的工程师朱利安·比格罗(Julian Bigelow)作为负责人,维纳和他开始了长期的合作。

他们先研究运动情况确定的预测目标,制作了一套预测装置,其中分为两大部分,一部分模拟目标的运动情况,另一部分则根据过去的运动数据估计某个时间的运动位置。他们发现,如果这种装置可以精确地预测平稳的运动（轨迹对应的是光滑曲线），那么它对那些不规则的运动（对应有褶皱的粗糙曲线）就会过于灵敏，常常发生剧烈的抖动。看来，精确度和灵敏度是一对矛盾，不可能同时达到很高的要求，所谓最优预测器，其实是在某些数学条件限制之下的最优。那么，选择什么条件作为标准，才能将总体的误差降低到最低程度呢？

在维纳看来，最合理的方案，只能是选择统计学工具，每隔一定时间求出预测值和真实值之差的平方，最后求出这个误差平方在整个过程中的平均值，即均方误差，预测准确与否，就是从统计的角度考察均方误差何时达到极小值。这样，预测问题转化成了极小化问题，它属于数学中的变分法这一分支。维纳欣喜地发现，它所对应的数学表达形式同维纳－霍普夫方程有密切的关系，所以他很快从数学上解决了这类预测问题。他还同比格罗设计出一个电动装置，以电信号输出的形式实现了理论的方案。

接下来，他们研究过去的运动状态不确定的目标，这种情况下，不仅要对误差做统计处理，对原始数据也要进行统计处理，最后求得总体上的极小值，它对应的是另一类维纳－霍普夫方程,求解方法与前一种完全类似,所以他们很快也获得了令人满意的结果。

仅仅解决原有的问题是不够的,新的理论应当能应用到范围更广的新问题中。维纳认为,这种预测理论是具备了广泛性的:由它可以推广出一种将噪声和信息分离的最佳方法,即对信息和其中的噪声同时进行统计,最终预测出信息在未来的变化情况。

当时,战争对雷达技术提出了更高的要求,一个关键问题是:任何从带有干扰信号(称为噪声)的背景中尽可能准确地检测出被混淆的原始信号,或者说如何把噪声从消息中分离出来,这属于一种滤波的过程。收音机和电话中的滤波器已经达到了相当高的灵敏度,但是如果仿效其原理为电视或雷达制造滤波器,效果反而很差。工程师们发现,失效的原因在于前者只关注保持声音信号原有的强度,不需要考虑相位问题,而对后者来说,信号的强度和相位都很重要,只有同时降低强度和相位的失真,才能收到良好的效果。但是,工程师们一时还找不到合适的方法解决这个问题，如今，维纳的预测理论及时地指出了一条简单而又合理的途径。

4. 反馈系统、统计思想和通讯理论

维纳和比格罗组建了小型实验室，根据上述理论尝试制造实用的最优预测器。他们还多次到南方的军营实地考察，与从事预测问题研究和火炮数据分析的工程技术人员交流思想，商讨对策。回来以后，他们在实验室里模拟出飞机飞行的不规则运动，继续设计和改进预测装置。

在这种实际的模拟过程中，他们注意到了一个新的因素：人的因素。防空火炮能否击中飞机，与飞行员和火炮手的生理机能密切相关。飞行员驾驶飞机躲避地面的炮火，要受到神经系统的制约，火炮手也因感官和肌肉的限制而无法丝毫不差地跟踪目标。两者的共同之处在于，人本身是一个控制系统，操作者在观察某种运动模式时都会出现偏差，但也都会做出一些动作来纠正这些偏差。维纳把这两种行为方式统称为反馈过程。反馈原是电路设计中的

重要概念,后来在伺服机构的研究中也得到了应用。在中国访问期间,维纳曾仔细考虑过计算机系统中的反馈问题,如今他发现,反馈在各种控制系统中都发挥着重要的作用。与无反馈系统比较,反馈系统受外界变化的影响要小,而且随着信息的多次循环反馈,这种影响会越来越弱,使得控制过程有可能逐渐趋向于稳定和准确。

维纳找到哈佛大学的朋友、墨西哥神经生理学家罗森布鲁斯,从神经系统的角度和他交换意见。罗森布吕特所给出的生理学实例证明,人体行为同一般的控制系统在反馈上具有完全的一致性。维纳的信心大增,由此出发,他与比格罗形成了这样一种观念:在控制系统中,人这个环节是反馈设备的一部分,这是维纳后来建立的控制论中的全新思想之一。

由如何控制防空火炮的具体问题,引发出如此多而深刻的思想,主管部门给予了高度重视,特地要求维纳写一份详细的报告。维纳以统计思想作为主线,将预测和控制系统与他发展的随机过程、时间序列的理论结合起来,在1942年完成了《平稳时间序列的外推、内插和光滑化》一书,它随即被列为战时的机密报告之一，发行的数量和范围十分有限。由于它使用黄纸作为封面，一度被称为“黄祸”，直到战后，这份报告才得以增补修订，作为书籍正式出版。维纳一向喜欢谈论自己的工作计划和进展，对这种保密措施他感到无法忍受。因此，他经常抱怨因军事目的而保密的种种做法，公开声明它们违背了科学研究的自由性。

1944 年春天，维纳应墨西哥数学会的邀请前往参加学术会议，他已经有好多年没有到国外访问或参加会议了，战时的研究生活使他长期处于紧张单调的状态。跨过边境来到南美高原上，维纳的心胸顿时舒朗了许多。他是会议的主角之一，在会上，他结识了一批墨西哥的数学家和科学家，看到了高水平的研究工作正在这个国家起步，会议期间，他还领略到了高原上的风土人情。

墨西哥之行的最大收获，则是同罗森布鲁斯的合作。当时罗森布鲁斯已从美国返回墨西哥，在心脏病医院工作。维纳和他一起研究了被称为活体阵挛的一种肌肉震颤现象，他们得到的初步结论是，活体阵挛正是神经和肌肉构成的控制系统中的反馈过程。结合此前在国内的工作,维纳脑海中又产生了新的想法:无论是计算机还是大脑和神经系统,都可以看作一种通信系统,继电器、电子管和神经纤维相当于其中的开关装置,具有携带信息(电信号或神经脉冲)和不携带信息两种状态,系统通过信息在各个环节之间的传递和反馈而运转起来。

回国之后,维纳把这种思想告诉了周围的一些科学家,立刻引起了大家的普遍兴趣,普林斯顿高级研究院的冯·诺伊曼教授对此尤为关注。

冯·诺伊曼是一位美籍匈牙利数学家,在科学才华和成就上同维纳有许多相似之处。他自幼就显示出超人的记忆力和理解力,不到18岁便发表了第一篇数学论文,1926年到美国普林斯顿大学数学系访问,成为该系终身教授,1933年又担任了普林斯顿高级研究院的数学物理系终身教授,年仅29岁。他在集合论、数学基础、测度论、遍历理论和群论等领域提出了许多有价值的方法和结果,在算子理论方面发挥了长期的主导作用,也是策论的创始人和现代数理经济学的开拓者之一。二战期间,他受聘为军事研究机构的顾问,1943年开始参与在新墨西哥州的洛斯·阿拉莫斯进行的原子弹研制工作(即著名的"曼哈顿计划")。1944 年又参与主持了第一代电子计算机的设计制造,提出存储程序计算机的重要设计原理,被世人尊称为"计算机之父"。

维纳和冯·诺伊曼早在 20 年前就相识格丁根大学,此时再度合作,他们都已是功成名就的大数学家了。凭借相似的科学兴趣和深刻的洞察力,他们很快取得了一致意见:运用现代数学的思想方法,把工程和生物学统一起来加以研究,将会创造出更新、更大的成就。为了获得更多人的共识,他们决定围绕这个主题组织一次讨论会。

5. 控制论的诞生和传播

1945 年 1 月 6 日,通信工程、计算机科学和神经生理学等领域的近 10 位专家来到普林斯顿高级研究院,参加为期两天的非正式会议。除了维纳和冯·诺伊曼,到会的还有比格罗、罗森布鲁斯、逻辑学家瓦尔特·皮茨(Walter Pitts)、神经生理学家沃伦·麦克劳赫等。冯·诺伊曼卓越的组织才能使会议得以顺利进行,而维纳的新思想则激发了大家高涨的热情,每个人都迫切地想了解其他人正在做些什么,并乐于使用一些带有普遍意义的术语。例如,他们都对信息的存储感兴趣,一致认为神经生理学家和心理学家所使用的“记忆”一词是一个方便的术语,完全适用于各自所从事的研究;他们都觉得有必要为信息的传递建立一种数学的度量尺度;他们相信,电子工程和伺服机构中的“反馈”概念适合于描述各种有机体和机器的运行机理。

战争结束在即,和平的曙光就在前方,维纳又欣喜地看到了一门新兴学科的萌生,它将把有机体和机器中的通讯与控制理论统一起来,极大地拓宽人类的思维视野和研究道路。为了把这项事业进行下去,维纳认为必须努力争取资金上的支持,组织各个领域的科技专家共同努力。经过麦克劳赫的周旋,他们获得了梅西基金会的资助,计划召开10次系列会议,每次为期两天。

1946年3月8日,首次梅西会议在纽约正式召开了,数学、通信工程、计算机、神经生理、神经病学、社会学和心理学等领域的21位科学家济济一堂,坦诚交流。维纳是这次会议的核心人物，他更加系统和深刻地阐述了关于有机体和机器的通讯与反馈思想，其他科学家的研究成果则极好地验证和补充了他的理论。

此后，梅西系列会议每隔半年召开一次，维纳也继续在生理和生物学方面进行探索。受洛克菲勒基金会的资助，他和罗森布鲁斯开始了一项为期5年的研究，两人每年有一半时间在 MIT，另一半时间则到墨西哥心脏病医院工作。维纳把时间序列的统计理论应用到心脏传导、阵挛、神经脉冲传递以及脑波震荡分析等问题中，罗森布鲁斯和 MIT 电子实验室的杰罗姆·威斯纳博士给予他极大的帮助。而此时，中国朋友李郁荣的到来更使他的精神为之一振。

战争期间，维纳一直关心着远在万里之遥的李郁荣，经过多方努力，终于在 1941 年为李郁荣争取到了 MIT 访问教授的职位，还帮他预订了由香港赴美的船票。然而就在船期邻近之时，珍珠港事件爆发，海上的航线全部中断，李郁荣又被耽误了 5 年时间，直到 1946 年初才举家来到美国。

战乱使李郁荣在电机工程方面荒废了 10 年之

久，如今这个领域已经积累了浩瀚的材料，要在短时期内掌握，可谓难上加难。维纳建议李郁荣开拓新的研究领域，转向通信工程中的统计理论，从而直接走入最前沿。李郁荣一边在 MIT 电工系教书，一边在实验室从事开发。他改进了维纳的滤波器，设计制造了检测周期信号的自相关器，这成为维纳分析脑波特性的主要工具。他还沿着维纳大致勾画出的思想，引申出更为具体的结论。他不断发表科学论文、举行报告会、组织一系列夏季会议，成功地将通讯领域的统计理论介绍给了政府、实业界和工程技术界。

从此以后，维纳等人的工作扩展到有关通讯理论和实践的广阔范围中。一方面，他们使统计思想在通信工程及其他科技领域中产生了普遍的影响，越来越多的工程师采用统计方法去处理通讯问题，极大地改变了传统的研究方法。气象学、计量经济学、生物统计学乃至社会动力学等学科也都采用了统计方法，统计思想不仅成为工程学的核心，也正在改变各种精密和半精密科学的面貌，维纳的预言得到了实现。

另一方面,各个科学领域都开始使用信息和通讯的观点考察控制系统。科学家们认识到,控制过程的实质就是一种通信的过程。信息是了解机器、有机体、人脑乃至人类社会运行机理的基本模式。无论是机器还是生物所构成的控制系统,其功能主要体现在信息的获取、使用、保存和传递方面,而不在于物质和能量的交换。维纳和贝尔电话实验室的年轻科学家尚农(C. E. Shannon)以概率论和统计思想为基础,把信息看作可测事件的时间序列,将通讯过程对应于平稳的随机过程,分别从数学角度严格定义了信源、信息、信息量、信道、干扰量(或噪声)、编码和解码等基本概念,并提出了度量信息量大小的数学公式。这些工作使维纳与尚农一起成为信息理论的奠基人。

1946 年夏,法国南锡大学举行了一次数学会议,重点介绍维纳在数学上的成就。与会途中,维纳产生了撰写一部著作的想法,希望将自己近年来的新思想和理论加以综合概括。通过 MIT 的同事,他结识了巴黎赫尔曼出版公司的经理弗莱曼,弗莱曼是墨西哥人,原在外交机构中负责文化工作,到巴黎后改行经营出版业,他以传播科学和知识为宗旨,对出版维纳的著作很感兴趣。一天,维纳和他在一家小吃店里会面,从彼此在墨西哥的经历开始谈起,最后转到维纳关于预测理论和控制系统的工作,聊得十分投机,就这样,他们一边喝着可可茶,一边确定了出版维纳专著的合同。

会议结束后,维纳与全家一起前往墨西哥,继续他受资助的研究工作。白天,他在心脏病医院做实验,晚上则回到公寓里著书立说。给这本著作起一个什么样的名字,让他着实费了一番脑筋。为了能让西方人普遍理解,并反映出“通讯”这个主题,他决定借用希腊语中的某个单词。然而,他所知道的唯一能表达这种意思的希腊词“angeles”,在英语中意为“天使”,即上帝的信使,想来想去,他觉得不够恰当,于是转而从“控制”的角度加以考虑,最后选择了“Kubernetes”一词,它在希腊语中表示“舵手”,对应到英语中则写为“Cybernetics”。

1947年春,维纳在墨西哥的工作结束了,书稿也顺利完成。返美之前,他把书稿寄给了巴黎的弗莱曼,开始急切地等待回音。弗莱曼收到书稿后,立即表示同意出版，而 MIT 出版社了解到这本书的内容后，也非常感兴趣，有意在美国出版这本书。最后，经赫尔曼公司授权，MIT 出版社和约翰·威利父子公司接过了这本书，于 1948 年联合出版。维纳以自己独创的"Cybernetics"作为书名（中文译为"控制论"），还加了一个长长的标题："关于在动物和机器中的控制和通讯的科学"，对这门新兴学科作了精辟的诠释。

该书问世之后，立刻在科学技术界产生了轰动效应。控制论的建立，为人类创造了崭新的思维方式，具有划时代的重大意义。

人们称维纳是自动化时代的哲学家，通过控制论，他又回到了 20 多年前离开的哲学领域。

自此，维纳从数学大家一举成为科学大师。

尾　声

创立控制论,标志着维纳的科学事业达到了光辉的顶点。此后的10多年里,他先后应邀到法国巴黎、西班牙马德里、印度孟买、日本、意大利那不勒斯、苏联和瑞典等地访问讲学,获得了众多荣誉。特别是在1964年,美国总统约翰逊亲自向他颁发了国家科学奖章,以表彰他对科学技术事业的巨大贡献。

继《控制论》之后,维纳于1950年又发表了一部综合性专著《人有人的用处》,从更加广泛的角度论述了控制论与社会的关系。两本自传《昔日神童》和《我是一个数学家》分别于1953年和1956年问世,以纯朴自然的笔调展现了他从神童走向大师的独特经历。

维纳于1964年去世,享年69岁。美国工业与应用数学学会和MIT出版社于当年联合出版了《诺伯特·维纳选集》,并特邀李郁荣、莱文森和马丁撰写了纪念文章。MIT数学系则于1967年设立"诺伯特·维纳应用数学奖”,每5年颁发一次,奖励那些在应用数学领域中做出突出贡献的数学家。

1994年维纳诞辰100周年之际,MIT和美国数学会共同召开了题为“诺伯特·维纳的遗产”的研讨会。纯粹数学、应用数学和工程技术界的几十位科学家聚集在维纳昔日工作的地方,缅怀他在这些领域中取得的成就以及近半个世纪来所产生的影响。

维纳把一生都贡献给了数学和科学事业。即使在退休之后,他还继续到国内各地和其他国家讲学,不辞辛劳地传播科学理论。1964年3月,他正是在瑞典斯德哥尔摩讲学期间因心脏病突发而去世的,这些都极好地印证了他的第二本自传的书名《我是一个数学家》,以及作为该书结尾的那段肺腑之言:

我在麻省理工学院的自由气氛中已经工作了36年,现已年逾六旬。我未发觉自己对科学的兴趣已经完结,也希望自己在科学上的成就没有结束……我不知道,我还有多少年的时间。如果我不能亲自完成这些工作的话,至少可以看到这些工作计划正在进行,并了解到我以往的思想对之所起的作用。不过,甚至现在我也有理由相信,我的科学生涯尽管开始得很早,但也将持续到很晚。

后　记

历时一年的编写工作终于完成，其间的收获不可谓不大。要在尊重史实、保证科学性的基础上深入浅出地描绘维纳这样一位现代科学大师一生的经历和科学贡献，并非信手拈来的易事，而对习惯于写作正统科学史论文的我来说，头一次接触文学色彩较浓的传记文学，下笔时的难度更是可想而知了。本书的编写主要参考了维纳的两本自传以及本人的一些研究成果，能否在学术性和普及性两方面收到应有的效果，还期待着广大专家和读者不吝赐教。

记得在1995年10月参加《科学》杂志创刊80周年庆祝会时，众多科学前辈大声呼吁：弘扬《科学》精神，以更多更好的科普作品向公众传播科学！当时我所受到的震动和鼓舞，至今仍记忆犹新。那么，我就不揣浅陋推出这本小册子，作为自己对科学普及而尽的一点微薄之力吧。

李旭辉

1997年10月

于丽娃河畔

刘培杰数学工作室
已出版(即将出版)图书目录——初等数学

书　名	出版时间	定　价	编号
新编中学数学解题方法全书(高中版)上卷	2007－09	38.00	7
新编中学数学解题方法全书(高中版)中卷	2007－09	48.00	8
新编中学数学解题方法全书(高中版)下卷(一)	2007－09	42.00	17
新编中学数学解题方法全书(高中版)下卷(二)	2007－09	38.00	18
新编中学数学解题方法全书(高中版)下卷(三)	2010－06	58.00	73
新编中学数学解题方法全书(初中版)上卷	2008－01	28.00	29
新编中学数学解题方法全书(初中版)中卷	2010－07	38.00	75
新编中学数学解题方法全书(高考复习卷)	2010－01	48.00	67
新编中学数学解题方法全书(高考真题卷)	2010－01	38.00	62
新编中学数学解题方法全书(高考精华卷)	2011－03	68.00	118
新编平面解析几何解题方法全书(专题讲座卷)	2010－01	18.00	61
新编中学数学解题方法全书(自主招生卷)	2013－08	88.00	261
数学奥林匹克与数学文化(第一辑)	2006－05	48.00	4
数学奥林匹克与数学文化(第二辑)(竞赛卷)	2008－01	48.00	19
数学奥林匹克与数学文化(第二辑)(文化卷)	2008－07	58.00	36′
数学奥林匹克与数学文化(第三辑)(竞赛卷)	2010－01	48.00	59
数学奥林匹克与数学文化(第四辑)(竞赛卷)	2011－08	58.00	87
数学奥林匹克与数学文化(第五辑)	2015－06	98.00	370
世界著名平面几何经典著作钩沉——几何作图专题卷(上)	2009－06	48.00	49
世界著名平面几何经典著作钩沉——几何作图专题卷(下)	2011－01	88.00	80
世界著名平面几何经典著作钩沉(民国平面几何老课本)	2011－03	38.00	113
世界著名平面几何经典著作钩沉(建国初期平面三角老课本)	2015－08	38.00	507
世界著名解析几何经典著作钩沉——平面解析几何卷	2014－01	38.00	264
世界著名数论经典著作钩沉(算术卷)	2012－01	28.00	125
世界著名数学经典著作钩沉——立体几何卷	2011－02	28.00	88
世界著名三角学经典著作钩沉(平面三角卷Ⅰ)	2010－06	28.00	69
世界著名三角学经典著作钩沉(平面三角卷Ⅱ)	2011－01	38.00	78
世界著名初等数论经典著作钩沉(理论和实用算术卷)	2011－07	38.00	126
发展你的空间想象力	2017－06	38.00	785
走向国际数学奥林匹克的平面几何试题诠释(上、下)(第1版)	2007－01	68.00	11,12
走向国际数学奥林匹克的平面几何试题诠释(上、下)(第2版)	2010－02	98.00	63,64
平面几何证明方法全书	2007－08	35.00	1
平面几何证明方法全书习题解答(第1版)	2005－10	18.00	2
平面几何证明方法全书习题解答(第2版)	2006－12	18.00	10
平面几何天天练上卷·基础篇(直线型)	2013－01	58.00	208
平面几何天天练中卷·基础篇(涉及圆)	2013－01	28.00	234
平面几何天天练下卷·提高篇	2013－01	58.00	237
平面几何专题研究	2013－07	98.00	258

刘培杰数学工作室
已出版(即将出版)图书目录——初等数学

书　名	出版时间	定　价	编号
最新世界各国数学奥林匹克中的平面几何试题	2007－09	38.00	14
数学竞赛平面几何典型题及新颖解	2010－07	48.00	74
初等数学复习及研究(平面几何)	2008－09	58.00	38
初等数学复习及研究(立体几何)	2010－06	38.00	71
初等数学复习及研究(平面几何)习题解答	2009－01	48.00	42
几何学教程(平面几何卷)	2011－03	68.00	90
几何学教程(立体几何卷)	2011－07	68.00	130
几何变换与几何证题	2010－06	88.00	70
计算方法与几何证题	2011－06	28.00	129
立体几何技巧与方法	2014－04	88.00	293
几何瑰宝——平面几何 500 名题暨 1000 条定理(上、下)	2010－07	138.00	76,77
三角形的解法与应用	2012－07	18.00	183
近代的三角形几何学	2012－07	48.00	184
一般折线几何学	2015－08	48.00	503
三角形的五心	2009－06	28.00	51
三角形的六心及其应用	2015－10	68.00	542
三角形趣谈	2012－08	28.00	212
解三角形	2014－01	28.00	265
三角学专门教程	2014－09	28.00	387
图天下几何新题试卷.初中(第 2 版)	2017－11	58.00	855
圆锥曲线习题集(上册)	2013－06	68.00	255
圆锥曲线习题集(中册)	2015－01	78.00	434
圆锥曲线习题集(下册・第 1 卷)	2016－10	78.00	683
圆锥曲线习题集(下册・第 2 卷)	2018－01	98.00	853
论九点圆	2015－05	88.00	645
近代欧氏几何学	2012－03	48.00	162
罗巴切夫斯基几何学及几何基础概要	2012－07	28.00	188
罗巴切夫斯基几何学初步	2015－06	28.00	474
用三角、解析几何、复数、向量计算解数学竞赛几何题	2015－03	48.00	455
美国中学几何教程	2015－04	88.00	458
三线坐标与三角形特征点	2015－04	98.00	460
平面解析几何方法与研究(第 1 卷)	2015－05	18.00	471
平面解析几何方法与研究(第 2 卷)	2015－06	18.00	472
平面解析几何方法与研究(第 3 卷)	2015－07	18.00	473
解析几何研究	2015－01	38.00	425
解析几何学教程.上	2016－01	38.00	574
解析几何学教程.下	2016－01	38.00	575
几何学基础	2016－01	58.00	581
初等几何研究	2015－02	58.00	444
十九和二十世纪欧氏几何学中的片段	2017－01	58.00	696
平面几何中考.高考.奥数一本通	2017－07	28.00	820
几何学简史	2017－08	28.00	833
四面体	2018－01	48.00	880

刘培杰数学工作室
已出版(即将出版)图书目录——初等数学

书　名	出版时间	定　价	编号
俄罗斯平面几何问题集	2009－08	88.00	55
俄罗斯立体几何问题集	2014－03	58.00	283
俄罗斯几何大师——沙雷金论数学及其他	2014－01	48.00	271
来自俄罗斯的5000道几何习题及解答	2011－03	58.00	89
俄罗斯初等数学问题集	2012－05	38.00	177
俄罗斯函数问题集	2011－03	38.00	103
俄罗斯组合分析问题集	2011－01	48.00	79
俄罗斯初等数学万题选——三角卷	2012－11	38.00	222
俄罗斯初等数学万题选——代数卷	2013－08	68.00	225
俄罗斯初等数学万题选——几何卷	2014－01	68.00	226
463个俄罗斯几何老问题	2012－01	28.00	152
谈谈素数	2011－03	18.00	91
平方和	2011－03	18.00	92
整数论	2011－05	38.00	120
从整数谈起	2015－10	28.00	538
数与多项式	2016－01	38.00	558
谈谈不定方程	2011－05	28.00	119
解析不等式新论	2009－06	68.00	48
建立不等式的方法	2011－03	98.00	104
数学奥林匹克不等式研究	2009－08	68.00	56
不等式研究(第二辑)	2012－02	68.00	153
不等式的秘密(第一卷)	2012－02	28.00	154
不等式的秘密(第一卷)(第2版)	2014－02	38.00	286
不等式的秘密(第二卷)	2014－01	38.00	268
初等不等式的证明方法	2010－06	38.00	123
初等不等式的证明方法(第二版)	2014－11	38.00	407
不等式·理论·方法(基础卷)	2015－07	38.00	496
不等式·理论·方法(经典不等式卷)	2015－07	38.00	497
不等式·理论·方法(特殊类型不等式卷)	2015－07	48.00	498
不等式探究	2016－03	38.00	582
不等式探秘	2017－01	88.00	689
四面体不等式	2017－01	68.00	715
数学奥林匹克中常见重要不等式	2017－09	38.00	845
同余理论	2012－05	38.00	163
[x]与{x}	2015－04	48.00	476
极值与最值. 上卷	2015－06	28.00	486
极值与最值. 中卷	2015－06	38.00	487
极值与最值. 下卷	2015－06	28.00	488
整数的性质	2012－11	38.00	192
完全平方数及其应用	2015－08	78.00	506
多项式理论	2015－10	88.00	541
奇数、偶数、奇偶分析法	2018－01	98.00	876

刘培杰数学工作室
已出版(即将出版)图书目录——初等数学

书　　名	出版时间	定　价	编号
历届美国中学生数学竞赛试题及解答(第一卷)1950－1954	2014－07	18.00	277
历届美国中学生数学竞赛试题及解答(第二卷)1955－1959	2014－04	18.00	278
历届美国中学生数学竞赛试题及解答(第三卷)1960－1964	2014－06	18.00	279
历届美国中学生数学竞赛试题及解答(第四卷)1965－1969	2014－04	28.00	280
历届美国中学生数学竞赛试题及解答(第五卷)1970－1972	2014－06	18.00	281
历届美国中学生数学竞赛试题及解答(第六卷)1973－1980	2017－07	18.00	768
历届美国中学生数学竞赛试题及解答(第七卷)1981－1986	2015－01	18.00	424
历届美国中学生数学竞赛试题及解答(第八卷)1987－1990	2017－05	18.00	769

历届 IMO 试题集(1959—2005)	2006－05	58.00	5
历届 CMO 试题集	2008－09	28.00	40
历届中国数学奥林匹克试题集(第 2 版)	2017－03	38.00	757
历届加拿大数学奥林匹克试题集	2012－08	38.00	215
历届美国数学奥林匹克试题集:多解推广加强	2012－08	38.00	209
历届美国数学奥林匹克试题集:多解推广加强(第 2 版)	2016－03	48.00	592
历届波兰数学竞赛试题集.第 1 卷,1949～1963	2015－03	18.00	453
历届波兰数学竞赛试题集.第 2 卷,1964～1976	2015－03	18.00	454
历届巴尔干数学奥林匹克试题集	2015－05	38.00	466
保加利亚数学奥林匹克	2014－10	38.00	393
圣彼得堡数学奥林匹克试题集	2015－01	38.00	429
匈牙利奥林匹克数学竞赛题解.第 1 卷	2016－05	28.00	593
匈牙利奥林匹克数学竞赛题解.第 2 卷	2016－05	28.00	594
历届美国数学邀请赛试题集(第 2 版)	2017－10	78.00	851
全国高中数学竞赛试题及解答.第 1 卷	2014－07	38.00	331
普林斯顿大学数学竞赛	2016－06	38.00	669
亚太地区数学奥林匹克竞赛题	2015－07	18.00	492
日本历届(初级)广中杯数学竞赛试题及解答.第 1 卷(2000～2007)	2016－05	28.00	641
日本历届(初级)广中杯数学竞赛试题及解答.第 2 卷(2008～2015)	2016－05	38.00	642
360 个数学竞赛问题	2016－08	58.00	677
奥数最佳实战题.上卷	2017－06	38.00	760
奥数最佳实战题.下卷	2017－05	58.00	761
哈尔滨市早期中学数学竞赛试题汇编	2016－07	28.00	672
全国高中数学联赛试题及解答:1981—2015	2016－08	98.00	676
20 世纪 50 年代全国部分城市数学竞赛试题汇编	2017－07	28.00	797
高中数学竞赛培训教程:整除与同余以及不定方程	2018－01	88.00	869

高考数学临门一脚(含密押三套卷)(理科版)	2017－01	45.00	743
高考数学临门一脚(含密押三套卷)(文科版)	2017－01	45.00	744
新课标高考数学题型全归纳(文科版)	2015－05	72.00	467
新课标高考数学题型全归纳(理科版)	2015－05	82.00	468
洞穿高考数学解答题核心考点(理科版)	2015－11	49.80	550
洞穿高考数学解答题核心考点(文科版)	2015－11	46.80	551

刘培杰数学工作室
已出版(即将出版)图书目录——初等数学

书名	出版时间	定价	编号
高考数学题型全归纳:文科版.上	2016—05	53.00	663
高考数学题型全归纳:文科版.下	2016—05	53.00	664
高考数学题型全归纳:理科版.上	2016—05	58.00	665
高考数学题型全归纳:理科版.下	2016—05	58.00	666
王连笑教你怎样学数学:高考选择题解题策略与客观题实用训练	2014—01	48.00	262
王连笑教你怎样学数学:高考数学高层次讲座	2015—02	48.00	432
高考数学的理论与实践	2009—08	38.00	53
高考数学核心题型解题方法与技巧	2010—01	28.00	86
高考思维新平台	2014—03	38.00	259
30分钟拿下高考数学选择题、填空题(理科版)	2016—10	39.80	720
30分钟拿下高考数学选择题、填空题(文科版)	2016—10	39.80	721
高考数学压轴题解题诀窍(上)(第2版)	2018—01	58.00	874
高考数学压轴题解题诀窍(下)(第2版)	2018—01	48.00	875
北京市五区文科数学三年高考模拟题详解:2013～2015	2015—08	48.00	500
北京市五区理科数学三年高考模拟题详解:2013～2015	2015—09	68.00	505
向量法巧解数学高考题	2009—08	28.00	54
高考数学万能解题法(第2版)	即将出版	38.00	691
高考物理万能解题法(第2版)	即将出版	38.00	692
高考化学万能解题法(第2版)	即将出版	28.00	693
高考生物万能解题法(第2版)	即将出版	28.00	694
高考数学解题金典(第2版)	2017—01	78.00	716
高考物理解题金典(第2版)	即将出版	68.00	717
高考化学解题金典(第2版)	即将出版	58.00	718
我一定要赚分:高中物理	2016—01	38.00	580
数学高考参考	2016—01	78.00	589
2011～2015年全国及各省市高考数学文科精品试题审题要津与解法研究	2015—10	68.00	539
2011～2015年全国及各省市高考数学理科精品试题审题要津与解法研究	2015—10	88.00	540
最新全国及各省市高考数学试卷解法研究及点拨评析	2009—02	38.00	41
2011年全国及各省市高考数学试题审题要津与解法研究	2011—10	48.00	139
2013年全国及各省市高考数学试题解析与点评	2014—01	48.00	282
全国及各省市高考数学试题审题要津与解法研究	2015—02	48.00	450
新课标高考数学——五年试题分章详解(2007～2011)(上、下)	2011—10	78.00	140,141
全国中考数学压轴题审题要津与解法研究	2013—04	78.00	248
新编全国及各省市中考数学压轴题审题要津与解法研究	2014—05	58.00	342
全国及各省市5年中考数学压轴题审题要津与解法研究(2015版)	2015—04	58.00	462
中考数学专题总复习	2007—04	28.00	6
中考数学较难题、难题常考题型解题方法与技巧.上	2016—01	48.00	584
中考数学较难题、难题常考题型解题方法与技巧.下	2016—01	58.00	585
中考数学较难题常考题型解题方法与技巧	2016—09	48.00	681
中考数学难题常考题型解题方法与技巧	2016—09	48.00	682

刘培杰数学工作室
已出版(即将出版)图书目录——初等数学

书　　名	出版时间	定　价	编号
中考数学选择填空压轴好题妙解 365	2017－05	38.00	759
中考数学小压轴汇编初讲	2017－07	48.00	788
中考数学大压轴专题微言	2017－09	48.00	846
北京中考数学压轴题解题方法突破(第 3 版)	2017－11	48.00	854
助你高考成功的数学解题智慧:知识是智慧的基础	2016－01	58.00	596
助你高考成功的数学解题智慧:错误是智慧的试金石	2016－04	58.00	643
助你高考成功的数学解题智慧:方法是智慧的推手	2016－04	68.00	657
高考数学奇思妙解	2016－04	38.00	610
高考数学解题策略	2016－05	48.00	670
数学解题泄天机(第 2 版)	2017－10	48.00	850
高考物理压轴题全解	2017－04	48.00	746
高中物理经典问题 25 讲	2017－05	28.00	764
高中物理教学讲义	2018－01	48.00	871
2016 年高考文科数学真题研究	2017－04	58.00	754
2016 年高考理科数学真题研究	2017－04	78.00	755
初中数学、高中数学脱节知识补缺教材	2017－06	48.00	766
高考数学小题抢分必练	2017－10	48.00	834
高考数学核心素养解读	2017－09	38.00	839
高考数学客观题解题方法和技巧	2017－10	38.00	847
十年高考数学精品试题审题要津与解法研究.上卷	2018－01	68.00	872
十年高考数学精品试题审题要津与解法研究.下卷	2018－01	58.00	873
中国历届高考数学试题及解答.1949－1979	2018－01	38.00	877
新编 640 个世界著名数学智力趣题	2014－01	88.00	242
500 个最新世界著名数学智力趣题	2008－06	48.00	3
400 个最新世界著名数学最值问题	2008－09	48.00	36
500 个世界著名数学征解问题	2009－06	48.00	52
400 个中国最佳初等数学征解老问题	2010－01	48.00	60
500 个俄罗斯数学经典老题	2011－01	28.00	81
1000 个国外中学物理好题	2012－04	48.00	174
300 个日本高考数学题	2012－05	38.00	142
700 个早期日本高考数学试题	2017－02	88.00	752
500 个前苏联早期高考数学试题及解答	2012－05	28.00	185
546 个早期俄罗斯大学生数学竞赛题	2014－03	38.00	285
548 个来自美苏的数学好问题	2014－11	28.00	396
20 所苏联著名大学早期入学试题	2015－02	18.00	452
161 道德国工科大学生必做的微分方程习题	2015－05	28.00	469
500 个德国工科大学生必做的高数习题	2015－06	28.00	478
360 个数学竞赛问题	2016－08	58.00	677
德国讲义日本考题.微积分卷	2015－04	48.00	456
德国讲义日本考题.微分方程卷	2015－04	38.00	457
二十世纪中叶中、英、美、日、法、俄高考数学试题精选	2017－06	38.00	783

刘培杰数学工作室
已出版(即将出版)图书目录——初等数学

书　　名	出版时间	定　价	编号
中国初等数学研究　2009 卷(第 1 辑)	2009－05	20.00	45
中国初等数学研究　2010 卷(第 2 辑)	2010－05	30.00	68
中国初等数学研究　2011 卷(第 3 辑)	2011－07	60.00	127
中国初等数学研究　2012 卷(第 4 辑)	2012－07	48.00	190
中国初等数学研究　2014 卷(第 5 辑)	2014－02	48.00	288
中国初等数学研究　2015 卷(第 6 辑)	2015－06	68.00	493
中国初等数学研究　2016 卷(第 7 辑)	2016－04	68.00	609
中国初等数学研究　2017 卷(第 8 辑)	2017－01	98.00	712

几何变换(Ⅰ)	2014－07	28.00	353
几何变换(Ⅱ)	2015－06	28.00	354
几何变换(Ⅲ)	2015－01	38.00	355
几何变换(Ⅳ)	2015－12	38.00	356

初等数论难题集(第一卷)	2009－05	68.00	44
初等数论难题集(第二卷)(上、下)	2011－02	128.00	82,83
数论概貌	2011－03	18.00	93
代数数论(第二版)	2013－08	58.00	94
代数多项式	2014－06	38.00	289
初等数论的知识与问题	2011－02	28.00	95
超越数论基础	2011－03	28.00	96
数论初等教程	2011－03	28.00	97
数论基础	2011－03	18.00	98
数论基础与维诺格拉多夫	2014－03	18.00	292
解析数论基础	2012－08	28.00	216
解析数论基础(第二版)	2014－01	48.00	287
解析数论问题集(第二版)(原版引进)	2014－05	88.00	343
解析数论问题集(第二版)(中译本)	2016－04	88.00	607
解析数论基础(潘承洞,潘承彪著)	2016－07	98.00	673
解析数论导引	2016－07	58.00	674
数论入门	2011－03	38.00	99
代数数论入门	2015－03	38.00	448
数论开篇	2012－07	28.00	194
解析数论引论	2011－03	48.00	100
Barban Davenport Halberstam 均值和	2009－01	40.00	33
基础数论	2011－03	28.00	101
初等数论 100 例	2011－05	18.00	122
初等数论经典例题	2012－07	18.00	204
最新世界各国数学奥林匹克中的初等数论试题(上、下)	2012－01	138.00	144,145
初等数论(Ⅰ)	2012－01	18.00	156
初等数论(Ⅱ)	2012－01	18.00	157
初等数论(Ⅲ)	2012－01	28.00	158

刘培杰数学工作室
已出版(即将出版)图书目录——初等数学

书　名	出版时间	定　价	编号
平面几何与数论中未解决的新老问题	2013—01	68.00	229
代数数论简史	2014—11	28.00	408
代数数论	2015—09	88.00	532
代数、数论及分析习题集	2016—11	98.00	695
数论导引提要及习题解答	2016—01	48.00	559
素数定理的初等证明. 第 2 版	2016—09	48.00	686
数论中的模函数与狄利克雷级数(第二版)	2017—11	78.00	837
数论:数学导引	2018—01	68.00	849
数学眼光透视(第 2 版)	2017—06	78.00	732
数学思想领悟(第 2 版)	2018—01	68.00	733
数学应用展观(第 2 版)	2017—08	68.00	737
数学建模导引	2008—01	28.00	23
数学方法溯源	2008—01	38.00	27
数学史话览胜(第 2 版)	2017—01	48.00	736
数学思维技术	2013—09	38.00	260
数学解题引论	2017—05	48.00	735
数学竞赛采风	2018—01	68.00	739
从毕达哥拉斯到怀尔斯	2007—10	48.00	9
从迪利克雷到维斯卡尔迪	2008—01	48.00	21
从哥德巴赫到陈景润	2008—05	98.00	35
从庞加莱到佩雷尔曼	2011—08	138.00	136
博弈论精粹	2008—03	58.00	30
博弈论精粹. 第二版(精装)	2015—01	88.00	461
数学 我爱你	2008—01	28.00	20
精神的圣徒　别样的人生——60 位中国数学家成长的历程	2008—09	48.00	39
数学史概论	2009—06	78.00	50
数学史概论(精装)	2013—03	158.00	272
数学史选讲	2016—01	48.00	544
斐波那契数列	2010—02	28.00	65
数学拼盘和斐波那契魔方	2010—07	38.00	72
斐波那契数列欣赏	2011—01	28.00	160
数学的创造	2011—02	48.00	85
数学美与创造力	2016—01	48.00	595
数海拾贝	2016—01	48.00	590
数学中的美	2011—02	38.00	84
数论中的美学	2014—12	38.00	351

刘培杰数学工作室
已出版(即将出版)图书目录——初等数学

书名	出版时间	定价	编号
数学王者　科学巨人——高斯	2015－01	28.00	428
振兴祖国数学的圆梦之旅:中国初等数学研究史话	2015－06	98.00	490
二十世纪中国数学史料研究	2015－10	48.00	536
数字谜、数阵图与棋盘覆盖	2016－01	58.00	298
时间的形状	2016－01	38.00	556
数学发现的艺术:数学探索中的合情推理	2016－07	58.00	671
活跃在数学中的参数	2016－07	48.00	675
数学解题——靠数学思想给力(上)	2011－07	38.00	131
数学解题——靠数学思想给力(中)	2011－07	48.00	132
数学解题——靠数学思想给力(下)	2011－07	38.00	133
我怎样解题	2013－01	48.00	227
数学解题中的物理方法	2011－06	28.00	114
数学解题的特殊方法	2011－06	48.00	115
中学数学计算技巧	2012－01	48.00	116
中学数学证明方法	2012－01	58.00	117
数学趣题巧解	2012－03	28.00	128
高中数学教学通鉴	2015－05	58.00	479
和高中生漫谈:数学与哲学的故事	2014－08	28.00	369
算术问题集	2017－03	38.00	789
自主招生考试中的参数方程问题	2015－01	28.00	435
自主招生考试中的极坐标问题	2015－04	28.00	463
近年全国重点大学自主招生数学试题全解及研究.华约卷	2015－02	38.00	441
近年全国重点大学自主招生数学试题全解及研究.北约卷	2016－05	38.00	619
自主招生数学解证宝典	2015－09	48.00	535
格点和面积	2012－07	18.00	191
射影几何趣谈	2012－04	28.00	175
斯潘纳尔引理——从一道加拿大数学奥林匹克试题谈起	2014－01	28.00	228
李普希兹条件——从几道近年高考数学试题谈起	2012－10	18.00	221
拉格朗日中值定理——从一道北京高考试题的解法谈起	2015－10	18.00	197
闵科夫斯基定理——从一道清华大学自主招生试题谈起	2014－01	28.00	198
哈尔测度——从一道冬令营试题的背景谈起	2012－08	28.00	202
切比雪夫逼近问题——从一道中国台北数学奥林匹克试题谈起	2013－04	38.00	238
伯恩斯坦多项式与贝齐尔曲面——从一道全国高中数学联赛试题谈起	2013－03	38.00	236
卡塔兰猜想——从一道普特南竞赛试题谈起	2013－06	18.00	256
麦卡锡函数和阿克曼函数——从一道前南斯拉夫数学奥林匹克试题谈起	2012－08	18.00	201
贝蒂定理与拉姆贝克莫斯尔定理——从一个拣石子游戏谈起	2012－08	18.00	217
皮亚诺曲线和豪斯道夫分球定理——从无限集谈起	2012－08	18.00	211
平面凸图形与凸多面体	2012－10	28.00	218
斯坦因豪斯问题——从一道二十五省市自治区中学数学竞赛试题谈起	2012－07	18.00	196

刘培杰数学工作室
已出版(即将出版)图书目录——初等数学

书　名	出版时间	定　价	编号
纽结理论中的亚历山大多项式与琼斯多项式——从一道北京市高一数学竞赛试题谈起	2012－07	28.00	195
原则与策略——从波利亚"解题表"谈起	2013－04	38.00	244
转化与化归——从三大尺规作图不能问题谈起	2012－08	28.00	214
代数几何中的贝祖定理(第一版)——从一道 IMO 试题的解法谈起	2013－08	18.00	193
成功连贯理论与约当块理论——从一道比利时数学竞赛试题谈起	2012－04	18.00	180
素数判定与大数分解	2014－08	18.00	199
置换多项式及其应用	2012－10	18.00	220
椭圆函数与模函数——从一道美国加州大学洛杉矶分校(UCLA)博士资格考题谈起	2012－10	28.00	219
差分方程的拉格朗日方法——从一道 2011 年全国高考理科试题的解法谈起	2012－08	28.00	200
力学在几何中的一些应用	2013－01	38.00	240
高斯散度定理、斯托克斯定理和平面格林定理——从一道国际大学生数学竞赛试题谈起	即将出版		
康托洛维奇不等式——从一道全国高中联赛试题谈起	2013－03	28.00	337
西格尔引理——从一道第 18 届 IMO 试题的解法谈起	即将出版		
罗斯定理——从一道前苏联数学竞赛试题谈起	即将出版		
拉克斯定理和阿廷定理——从一道 IMO 试题的解法谈起	2014－01	58.00	246
毕卡大定理——从一道美国大学数学竞赛试题谈起	2014－07	18.00	350
贝齐尔曲线——从一道全国高中联赛试题谈起	即将出版		
拉格朗日乘子定理——从一道 2005 年全国高中联赛试题的高等数学解法谈起	2015－05	28.00	480
雅可比定理——从一道日本数学奥林匹克试题谈起	2013－04	48.00	249
李天岩－约克定理——从一道波兰数学竞赛试题谈起	2014－06	28.00	349
整系数多项式因式分解的一般方法——从克朗耐克算法谈起	即将出版		
布劳维不动点定理——从一道前苏联数学奥林匹克试题谈起	2014－01	38.00	273
伯恩赛德定理——从一道英国数学奥林匹克试题谈起	即将出版		
布查特－莫斯特定理——从一道上海市初中竞赛试题谈起	即将出版		
数论中的同余数问题——从一道普特南竞赛试题谈起	即将出版		
范・德蒙行列式——从一道美国数学奥林匹克试题谈起	即将出版		
中国剩余定理:总数法构建中国历史年表	2015－01	28.00	430
牛顿程序与方程求根——从一道全国高考试题解法谈起	即将出版		
库默尔定理——从一道 IMO 预选试题谈起	即将出版		
卢丁定理——从一道冬令营试题的解法谈起	即将出版		
沃斯滕霍姆定理——从一道 IMO 预选试题谈起	即将出版		
卡尔松不等式——从一道莫斯科数学奥林匹克试题谈起	即将出版		
信息论中的香农熵——从一道近年高考压轴题谈起	即将出版		
约当不等式——从一道希望杯竞赛试题谈起	即将出版		
拉比诺维奇定理	即将出版		
刘维尔定理——从一道《美国数学月刊》征解问题的解法谈起	即将出版		
卡塔兰恒等式与级数求和——从一道 IMO 试题的解法谈起	即将出版		
勒让德猜想与素数分布——从一道爱尔兰竞赛试题谈起	即将出版		
天平称重与信息论——从一道基辅市数学奥林匹克试题谈起	即将出版		
哈密尔顿－凯莱定理:从一道高中数学联赛试题的解法谈起	2014－09	18.00	376
艾思特曼定理——从一道 CMO 试题的解法谈起	即将出版		

刘培杰数学工作室
已出版(即将出版)图书目录——初等数学

书　　名	出版时间	定　价	编号
一个爱尔特希问题——从一道西德数学奥林匹克试题谈起	即将出版		
有限群中的爱丁格尔问题——从一道北京市初中二年级数学竞赛试题谈起	即将出版		
贝克码与编码理论——从一道全国高中联赛试题谈起	即将出版		
帕斯卡三角形	2014－03	18.00	294
蒲丰投针问题——从2009年清华大学的一道自主招生试题谈起	2014－01	38.00	295
斯图姆定理——从一道"华约"自主招生试题的解法谈起	2014－01	18.00	296
许瓦兹引理——从一道加利福尼亚大学伯克利分校数学系博士生试题谈起	2014－08	18.00	297
拉姆塞定理——从王诗宬院士的一个问题谈起	2016－04	48.00	299
坐标法	2013－12	28.00	332
数论三角形	2014－04	38.00	341
毕克定理	2014－07	18.00	352
数林掠影	2014－09	48.00	389
我们周围的概率	2014－10	38.00	390
凸函数最值定理:从一道华约自主招生题的解法谈起	2014－10	28.00	391
易学与数学奥林匹克	2014－10	38.00	392
生物数学趣谈	2015－01	18.00	409
反演	2015－01	28.00	420
因式分解与圆锥曲线	2015－01	18.00	426
轨迹	2015－01	28.00	427
面积原理:从常庚哲命的一道CMO试题的积分解法谈起	2015－01	48.00	431
形形色色的不动点定理:从一道28届IMO试题谈起	2015－01	38.00	439
柯西函数方程:从一道上海交大自主招生的试题谈起	2015－02	28.00	440
三角恒等式	2015－02	28.00	442
无理性判定:从一道2014年"北约"自主招生试题谈起	2015－01	38.00	443
数学归纳法	2015－03	18.00	451
极端原理与解题	2015－04	28.00	464
法雷级数	2014－08	18.00	367
摆线族	2015－01	38.00	438
函数方程及其解法	2015－05	38.00	470
含参数的方程和不等式	2012－09	28.00	213
希尔伯特第十问题	2016－01	38.00	543
无穷小量的求和	2016－01	28.00	545
切比雪夫多项式:从一道清华大学金秋营试题谈起	2016－01	38.00	583
泽肯多夫定理	2016－03	38.00	599
代数等式证题法	2016－01	28.00	600
三角等式证题法	2016－01	28.00	601
吴大任教授藏书中的一个因式分解公式:从一道美国数学邀请赛试题的解法谈起	2016－06	28.00	656
易卦——类万物的数学模型	2017－08	68.00	838
"不可思议"的数与数系可持续发展	2018－01	38.00	878
最短线	2018－01	38.00	879

幻方和魔方(第一卷)	2012－05	68.00	173
尘封的经典——初等数学经典文献选读(第一卷)	2012－07	48.00	205
尘封的经典——初等数学经典文献选读(第二卷)	2012－07	38.00	206

初级方程式论	2011－03	28.00	106
初等数学研究(Ⅰ)	2008－09	68.00	37
初等数学研究(Ⅱ)(上、下)	2009－05	118.00	46,47

刘培杰数学工作室
已出版(即将出版)图书目录——初等数学

书　　名	出版时间	定　价	编号
趣味初等方程妙题集锦	2014-09	48.00	388
趣味初等数论选美与欣赏	2015-02	48.00	445
耕读笔记(上卷):一位农民数学爱好者的初数探索	2015-04	28.00	459
耕读笔记(中卷):一位农民数学爱好者的初数探索	2015-05	28.00	483
耕读笔记(下卷):一位农民数学爱好者的初数探索	2015-05	28.00	484
几何不等式研究与欣赏.上卷	2016-01	88.00	547
几何不等式研究与欣赏.下卷	2016-01	48.00	552
初等数列研究与欣赏·上	2016-01	48.00	570
初等数列研究与欣赏·下	2016-01	48.00	571
趣味初等函数研究与欣赏.上	2016-09	48.00	684
趣味初等函数研究与欣赏.下	即将出版		685
火柴游戏	2016-05	38.00	612
智力解谜.第1卷	2017-07	38.00	613
智力解谜.第2卷	2017-07	38.00	614
故事智力	2016-07	48.00	615
名人们喜欢的智力问题	即将出版		616
数学大师的发现、创造与失误	2018-01	48.00	617
异曲同工	即将出版		618
数学的味道	2018-01	58.00	798
数贝偶拾——高考数学题研究	2014-04	28.00	274
数贝偶拾——初等数学研究	2014-04	38.00	275
数贝偶拾——奥数题研究	2014-04	48.00	276
钱昌本教你快乐学数学(上)	2011-12	48.00	155
钱昌本教你快乐学数学(下)	2012-03	58.00	171
集合、函数与方程	2014-01	28.00	300
数列与不等式	2014-01	38.00	301
三角与平面向量	2014-01	28.00	302
平面解析几何	2014-01	38.00	303
立体几何与组合	2014-01	28.00	304
极限与导数、数学归纳法	2014-01	38.00	305
趣味数学	2014-03	28.00	306
教材教法	2014-04	68.00	307
自主招生	2014-05	58.00	308
高考压轴题(上)	2015-01	48.00	309
高考压轴题(下)	2014-10	68.00	310
从费马到怀尔斯——费马大定理的历史	2013-10	198.00	Ⅰ
从庞加莱到佩雷尔曼——庞加莱猜想的历史	2013-10	298.00	Ⅱ
从切比雪夫到爱尔特希(上)——素数定理的初等证明	2013-07	48.00	Ⅲ
从切比雪夫到爱尔特希(下)——素数定理100年	2012-12	98.00	Ⅲ
从高斯到盖尔方特——二次域的高斯猜想	2013-10	198.00	Ⅳ
从库默尔到朗兰兹——朗兰兹猜想的历史	2014-01	98.00	Ⅴ
从比勃巴赫到德布朗斯——比勃巴赫猜想的历史	2014-02	298.00	Ⅵ
从麦比乌斯到陈省身——麦比乌斯变换与麦比乌斯带	2014-02	298.00	Ⅶ
从布尔到豪斯道夫——布尔方程与格论漫谈	2013-10	198.00	Ⅷ
从开普勒到阿诺德——三体问题的历史	2014-05	298.00	Ⅸ
从华林到华罗庚——华林问题的历史	2013-10	298.00	Ⅹ

刘培杰数学工作室
已出版(即将出版)图书目录——初等数学

书　　名	出版时间	定　价	编号
美国高中数学竞赛五十讲.第1卷(英文)	2014－08	28.00	357
美国高中数学竞赛五十讲.第2卷(英文)	2014－08	28.00	358
美国高中数学竞赛五十讲.第3卷(英文)	2014－09	28.00	359
美国高中数学竞赛五十讲.第4卷(英文)	2014－09	28.00	360
美国高中数学竞赛五十讲.第5卷(英文)	2014－10	28.00	361
美国高中数学竞赛五十讲.第6卷(英文)	2014－11	28.00	362
美国高中数学竞赛五十讲.第7卷(英文)	2014－12	28.00	363
美国高中数学竞赛五十讲.第8卷(英文)	2015－01	28.00	364
美国高中数学竞赛五十讲.第9卷(英文)	2015－01	28.00	365
美国高中数学竞赛五十讲.第10卷(英文)	2015－02	38.00	366
三角函数	2014－01	38.00	311
不等式	2014－01	38.00	312
数列	2014－01	38.00	313
方程	2014－01	28.00	314
排列和组合	2014－01	28.00	315
极限与导数	2014－01	28.00	316
向量	2014－09	38.00	317
复数及其应用	2014－08	28.00	318
函数	2014－01	38.00	319
集合	即将出版		320
直线与平面	2014－01	28.00	321
立体几何	2014－04	28.00	322
解三角形	即将出版		323
直线与圆	2014－01	28.00	324
圆锥曲线	2014－01	38.00	325
解题通法(一)	2014－07	38.00	326
解题通法(二)	2014－07	38.00	327
解题通法(三)	2014－05	38.00	328
概率与统计	2014－01	28.00	329
信息迁移与算法	即将出版		330
IMO 50年.第1卷(1959－1963)	2014－11	28.00	377
IMO 50年.第2卷(1964－1968)	2014－11	28.00	378
IMO 50年.第3卷(1969－1973)	2014－09	28.00	379
IMO 50年.第4卷(1974－1978)	2016－04	38.00	380
IMO 50年.第5卷(1979－1984)	2015－04	38.00	381
IMO 50年.第6卷(1985－1989)	2015－04	58.00	382
IMO 50年.第7卷(1990－1994)	2016－01	48.00	383
IMO 50年.第8卷(1995－1999)	2016－06	38.00	384
IMO 50年.第9卷(2000－2004)	2015－04	58.00	385
IMO 50年.第10卷(2005－2009)	2016－01	48.00	386
IMO 50年.第11卷(2010－2015)	2017－03	48.00	646

刘培杰数学工作室
已出版(即将出版)图书目录——初等数学

书 名	出版时间	定 价	编号
方程(第2版)	2017－04	38.00	624
三角函数(第2版)	2017－04	38.00	626
向量(第2版)	即将出版		627
立体几何(第2版)	2016－04	38.00	629
直线与圆(第2版)	2016－11	38.00	631
圆锥曲线(第2版)	2016－09	48.00	632
极限与导数(第2版)	2016－04	38.00	635
历届美国大学生数学竞赛试题集.第一卷(1938—1949)	2015－01	28.00	397
历届美国大学生数学竞赛试题集.第二卷(1950—1959)	2015－01	28.00	398
历届美国大学生数学竞赛试题集.第三卷(1960—1969)	2015－01	28.00	399
历届美国大学生数学竞赛试题集.第四卷(1970—1979)	2015－01	18.00	400
历届美国大学生数学竞赛试题集.第五卷(1980—1989)	2015－01	28.00	401
历届美国大学生数学竞赛试题集.第六卷(1990—1999)	2015－01	28.00	402
历届美国大学生数学竞赛试题集.第七卷(2000—2009)	2015－08	18.00	403
历届美国大学生数学竞赛试题集.第八卷(2010—2012)	2015－01	18.00	404
新课标高考数学创新题解题诀窍:总论	2014－09	28.00	372
新课标高考数学创新题解题诀窍:必修1～5分册	2014－08	38.00	373
新课标高考数学创新题解题诀窍:选修2－1,2－2,1－1,1－2分册	2014－09	38.00	374
新课标高考数学创新题解题诀窍:选修2－3,4－4,4－5分册	2014－09	18.00	375
全国重点大学自主招生英文数学试题全攻略:词汇卷	2015－07	48.00	410
全国重点大学自主招生英文数学试题全攻略:概念卷	2015－01	28.00	411
全国重点大学自主招生英文数学试题全攻略:文章选读卷(上)	2016－09	38.00	412
全国重点大学自主招生英文数学试题全攻略:文章选读卷(下)	2017－01	58.00	413
全国重点大学自主招生英文数学试题全攻略:试题卷	2015－07	38.00	414
全国重点大学自主招生英文数学试题全攻略:名著欣赏卷	2017－03	48.00	415
劳埃德数学趣题大全.题目卷.1:英文	2016－01	18.00	516
劳埃德数学趣题大全.题目卷.2:英文	2016－01	18.00	517
劳埃德数学趣题大全.题目卷.3:英文	2016－01	18.00	518
劳埃德数学趣题大全.题目卷.4:英文	2016－01	18.00	519
劳埃德数学趣题大全.题目卷.5:英文	2016－01	18.00	520
劳埃德数学趣题大全.答案卷:英文	2016－01	18.00	521
李成章教练奥数笔记.第1卷	2016－01	48.00	522
李成章教练奥数笔记.第2卷	2016－01	48.00	523
李成章教练奥数笔记.第3卷	2016－01	38.00	524
李成章教练奥数笔记.第4卷	2016－01	38.00	525
李成章教练奥数笔记.第5卷	2016－01	38.00	526
李成章教练奥数笔记.第6卷	2016－01	38.00	527
李成章教练奥数笔记.第7卷	2016－01	38.00	528
李成章教练奥数笔记.第8卷	2016－01	48.00	529
李成章教练奥数笔记.第9卷	2016－01	28.00	530

刘培杰数学工作室
已出版(即将出版)图书目录——初等数学

书　名	出版时间	定　价	编号
第19～23届"希望杯"全国数学邀请赛试题审题要津详细评注(初一版)	2014－03	28.00	333
第19～23届"希望杯"全国数学邀请赛试题审题要津详细评注(初二、初三版)	2014－03	38.00	334
第19～23届"希望杯"全国数学邀请赛试题审题要津详细评注(高一版)	2014－03	28.00	335
第19～23届"希望杯"全国数学邀请赛试题审题要津详细评注(高二版)	2014－03	38.00	336
第19～25届"希望杯"全国数学邀请赛试题审题要津详细评注(初一版)	2015－01	38.00	416
第19～25届"希望杯"全国数学邀请赛试题审题要津详细评注(初二、初三版)	2015－01	58.00	417
第19～25届"希望杯"全国数学邀请赛试题审题要津详细评注(高一版)	2015－01	48.00	418
第19～25届"希望杯"全国数学邀请赛试题审题要津详细评注(高二版)	2015－01	48.00	419
物理奥林匹克竞赛大题典——力学卷	2014－11	48.00	405
物理奥林匹克竞赛大题典——热学卷	2014－04	28.00	339
物理奥林匹克竞赛大题典——电磁学卷	2015－07	48.00	406
物理奥林匹克竞赛大题典——光学与近代物理卷	2014－06	28.00	345
历届中国东南地区数学奥林匹克试题集(2004～2012)	2014－06	18.00	346
历届中国西部地区数学奥林匹克试题集(2001～2012)	2014－07	18.00	347
历届中国女子数学奥林匹克试题集(2002～2012)	2014－08	18.00	348
数学奥林匹克在中国	2014－06	98.00	344
数学奥林匹克问题集	2014－01	38.00	267
数学奥林匹克不等式散论	2010－06	38.00	124
数学奥林匹克不等式欣赏	2011－09	38.00	138
数学奥林匹克超级题库(初中卷上)	2010－01	58.00	66
数学奥林匹克不等式证明方法和技巧(上、下)	2011－08	158.00	134,135
他们学什么:原民主德国中学数学课本	2016－09	38.00	658
他们学什么:英国中学数学课本	2016－09	38.00	659
他们学什么:法国中学数学课本.1	2016－09	38.00	660
他们学什么:法国中学数学课本.2	2016－09	28.00	661
他们学什么:法国中学数学课本.3	2016－09	38.00	662
他们学什么:苏联中学数学课本	2016－09	28.00	679
高中数学题典——集合与简易逻辑·函数	2016－07	48.00	647
高中数学题典——导数	2016－07	48.00	648
高中数学题典——三角函数·平面向量	2016－07	48.00	649
高中数学题典——数列	2016－07	58.00	650
高中数学题典——不等式·推理与证明	2016－07	38.00	651
高中数学题典——立体几何	2016－07	48.00	652
高中数学题典——平面解析几何	2016－07	78.00	653
高中数学题典——计数原理·统计·概率·复数	2016－07	48.00	654
高中数学题典——算法·平面几何·初等数论·组合数学·其他	2016－07	68.00	655

刘培杰数学工作室
已出版(即将出版)图书目录——初等数学

书名	出版时间	定价	编号
台湾地区奥林匹克数学竞赛试题.小学一年级	2017－03	38.00	722
台湾地区奥林匹克数学竞赛试题.小学二年级	2017－03	38.00	723
台湾地区奥林匹克数学竞赛试题.小学三年级	2017－03	38.00	724
台湾地区奥林匹克数学竞赛试题.小学四年级	2017－03	38.00	725
台湾地区奥林匹克数学竞赛试题.小学五年级	2017－03	38.00	726
台湾地区奥林匹克数学竞赛试题.小学六年级	2017－03	38.00	727
台湾地区奥林匹克数学竞赛试题.初中一年级	2017－03	38.00	728
台湾地区奥林匹克数学竞赛试题.初中二年级	2017－03	38.00	729
台湾地区奥林匹克数学竞赛试题.初中三年级	2017－03	28.00	730
不等式证题法	2017－04	28.00	747
平面几何培优教程	即将出版		748
奥数鼎级培优教程.高一分册	即将出版		749
奥数鼎级培优教程.高二分册	即将出版		750
高中数学竞赛冲刺宝典	即将出版		751
初中尖子生数学超级题典.实数	2017－07	58.00	792
初中尖子生数学超级题典.式、方程与不等式	2017－08	58.00	793
初中尖子生数学超级题典.圆、面积	2017－08	38.00	794
初中尖子生数学超级题典.函数、逻辑推理	2017－08	48.00	795
初中尖子生数学超级题典.角、线段、三角形与多边形	2017－07	58.00	796
数学王子——高斯	2018－01	48.00	858
坎坷奇星——阿贝尔	2018－01	48.00	859
闪烁奇星——伽罗瓦	2018－01	58.00	860
无穷统帅——康托尔	2018－01	48.00	861
科学公主——柯瓦列夫斯卡娅	2018－01	48.00	862
抽象代数之母——埃米·诺特	2018－01	48.00	863
电脑先驱——图灵	2018－01	58.00	864
昔日神童——维纳	2018－01	48.00	865
数坛怪侠——爱尔特希	2018－01	68.00	866

联系地址:哈尔滨市南岗区复华四道街 10 号　哈尔滨工业大学出版社刘培杰数学工作室
网　　址:http://lpj.hit.edu.cn/
邮　　编:150006
联系电话:0451－86281378　　13904613167
E-mail:lpj1378@163.com